SCRAP

Prologue

気が付くと真っ白な部屋に立っていた。
まっすぐに伸びた通路のような部屋だ。
ぼんやりとした電灯が1つ。
突き当たりには巨大な扉。
それ以外は何もない。何の音もしない。
だが、誰かに見られている。視線を感じる。

突然、謎の声が頭の中に響いた。
「あなたは今、生死の境をさまよっています……」
聞いたことのない声だ。

私は死んだのか……？

本書の遊び方

　本書には、5分間リアル脱出ゲームが10本収録されています。どのゲームから解いても構いません。
　まずは、1つ当たり5分間以内でクリアすることを目標としてください。もちろん5分を過ぎても、ヒントや解答を見ずに、自力で解くことをおすすめします。

① トビラページを読む
リード文にストーリーの概要が書いてあります。

② 謎を解く
どうしても解けない場合、ヒントを活用してください。

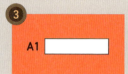

③ 問題の答えを記入
謎が解けたら、解答欄に問題の答えを記入してください。

④ Last Answerに答えを記入
これらを繰り返し、章ごとのLast Answerをひらがなで記入してください。1マスが1文字分です。

⑤ Ending Storyを読む
Last Answerを記入してから次のページのEnding Storyを読んでください。

⑥ 最終問題に挑む
10章分のゲームをすべてクリアしたら、P118の最終問題に挑戦してください。解けたらWebサイトに入力して、答え合わせをしましょう。

ヒント 000　謎に対するヒントです。ヒント・解答編（P100〜）の該当する数字に、そのヒントが書かれています。難しい問題は、段階的にヒントを記している場合もあります。どうしても解けない場合に参照してください。

解　答 000　謎の答えです。ヒント・解答編（P100〜）の該当する数字に、その答えが書かれています。詳しい解き方を知りたい場合、ヒントの方からお進みください。

目次 CONTENTS

プロローグ …………………… 2　　本書の遊び方 …………………… 4

番号	タイトル	ページ
1	密室トイレからの脱出 ESCAPE FROM A RESTROOM STALL	6
2	肝試しからの脱出 ESCAPE FROM THE TEST OF COURAGE	14
3	大いなる疑惑からの脱出 ESCAPE FROM THE BIG SUSPECTS	24
4	ハイジャックからの脱出 ESCAPE FROM A HIJACKING	36
5	独身からの脱出 ESCAPE FROM A BACHELOR'S LIFE	44
6	バッドエンドからの脱出 ESCAPE FROM THE BAD END	54
7	迷走する車からの脱出 ESCAPE FROM A STRAY CAR	66
8	無人島からの脱出 ESCAPE FROM AN UNINHABITED ISLAND	74
9	迷子からの脱出 ESCAPE FROM GETTING LOST	82
10	エレベーターからの脱出 ESCAPE FROM THE ELEVATOR	90

ヒント・解答編 …………… 100　　最終問題 …………………… 118

1

密室トイレからの脱出

ESCAPE FROM A RESTROOM STALL

今日は高校の卒業式。僕は卒業生代表として答辞を読むことになっていた。しかし、突然トイレに行きたくなり、式を抜けて校舎へ向かう。用を足し、落ち着いたところで、外からガタンという音が響いた。あわててドアを開けようとすると開かない。完全に閉じ込められてしまった！　このままでは答辞に間に合わなくなってしまう！　早くこのトイレから脱出しなくては……！

1. 密室トイレ からの脱出

　まずい……！　トイレから出られない……！　いつの間にやら、トイレの
ドアに文字入力式の鍵がかかっている。ドアに貼られたメモによれば、どう
やら、謎解き部が顧問の先生のために仕掛けた謎が作動してしまったようだ。
答辞の時刻まであとわずか。何とかこの謎を解いて、急いで体育館に戻らな
くては……。

> 　3年間お世話になりました。僕たちからサプライズの
> お礼として、謎解きを用意したよ。
> 先生にサプライズがバレないよう、覗き穴を覗かない
> と問題が見えないようにしたんだ。
> この謎を解けば、僕たちの大切なものが分かるはずだ。
> それが鍵を開けるためのキーワードだよ。
>
> 　　　　　　　　　　　　　謎解き部　3年部員一同

　僕は便座に座って、トイレの個室に用意された覗き穴に目を押し当てた。
薄暗いが、どうにか読み取ることができそうだ。僕は順番に覗き穴を確認し
てみることにした。

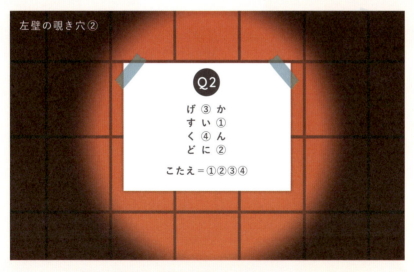

1. 密室トイレからの脱出

右壁の覗き穴①

A3　　　ヒント 025　解答 154

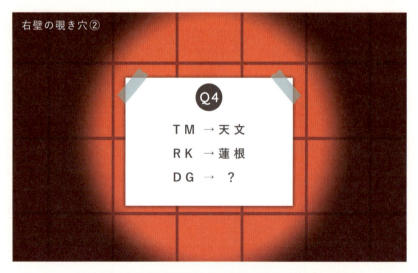

右壁の覗き穴②

A4　　　ヒント 068　解答 134

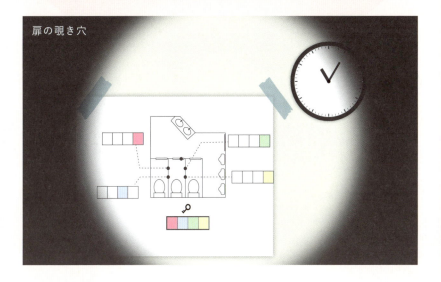

　僕はお腹の痛みに耐えながら、必死に謎を解く。卒業式というハレの日に、どうしてこんな目に……。昼休みに食べた弁当の唐揚げがまずかったのか……？　いや、そんなことを考えている場合じゃない。早く謎を解いて卒業式に戻らないと！

Last Question

「僕たちの大切なもの」とは？

Last Answer
※ひらがなで記入せよ

ヒント 070　　解答 067

記入できたら、次のページへ

Ending Story

　導き出した答えを入力した瞬間、カチャリという音がした。
「やった、開いた！」
　僕はドアを開き、勢いよく卒業式の会場……体育館へと駆け出した。
　そっと体育館に入ると、まだ２年生が送辞を読み上げている最中だった。
「おい、どこ行ってたんだよ！　もう答辞始まっちまうのに！」
　小走りで席に戻ると、同じクラスの湯原に声をかけられる。卒業式の座席は出席番号順なので、一番後ろに湯原が座っていたのだ。
「はは……ごめん。ちょっとトラブルに巻き込まれてさ……」
「まったく……ほら、早く行けよ！　舞台脇の先生も青い顔してんぞ」
「ああ！」
　僕が控え場所にたどり着くと、そこで待っていた先生に、あからさまにホッと

した顔を向けられる。

「すみません！　ただいま戻りました！」

　そのタイミングでちょうど送辞が終わる。僕は後輩と入れ替わりに壇上へと上がり、無事に答辞を読み上げることができたのであった。

　僕の卒業式はここで終わり……ではない。もう１つだけ続きがあった。すべてが終わり、学校から出ようとしたとき、ずっと片思いをしていた女の子から声をかけられたのだ。

「あの、これ……！」

　渡されたのは一通の手紙だった。僕がそれを受け取ると、彼女はそのまま足早に立ち去ってしまう。１人になった僕が手紙を開くと、中には「君のことが好きです」とひとこと。僕はあわてて彼女の背中を追いかけるのであった。

　……僕の人生における青春の思い出は、ここで本当におしまい。

2

肝試しからの脱出

ESCAPE FROM THE TEST OF COURAGE

小

学6年生の僕は、小学校最後の夏休み、クラスメイトたちに肝試しをやろうと誘われた。怖いから嫌だという僕に「せっかくしーちゃんも呼んだのに」という声がかけられる。突然出てきた気になる女の子の名前に、参加を決める僕。彼女とペアになれるようにしてくれとみんなに頭を下げ、いざ当日。僕は無事に彼女とペアになり、肝試しへ向かうのであった……。

2 肝試しからの脱出

　日が暮れたころ。僕たちは古和井寺の前に集まっていた。夏休みの思い出に、肝試しをするためだ。僕は友人に頼み、くじ引きで気になる女の子とペアになれるよう画策していた。
「今日はよろしくね！　私、怖がりだから、何かあったら助けてね！」
「うん、任せて！」
　彼女にニッコリと笑いかけられ、僕は有頂天。肝試しは、謎を解いて３つのチェックポイントを回り、ゴールまで行くというものだ。最後に合言葉を手に入れたらクリアとなる。

4

古和井寺地図

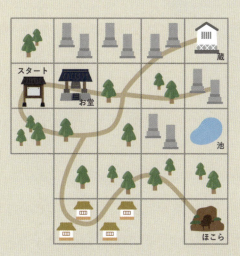

Q1 1つ目のチェックポイントは……

小型 ➡ 大型　　非公開 ➡ 効果

小道具 ➡ ➡ ？

答え：？の1つ南

A1 ［　　　　　　　］　ヒント 099　　解答 072

2 肝試しからの脱出

1つ目のチェックポイントへたどり着き、ほっと息をつく。
「ここならそんなに怖くないから安心ね！」
「ああ！　これなら楽勝だね！」
　辺りを見回すと、すぐに次のチェックポイントを示す謎が見つかった。

Q2　2つ目のチェックポイントは……

石碑を見て解け
以下の条件に合う5文字の
カタカナが次の場所を示す

・画数が一番少ない漢字の下
・一番最後にある
・1つだけある一画
・漢字に見える
・有と無に接している

A2 ⬜

ヒント　056
解　答　112

2 肝試しからの脱出

　ようやく2つ目のチェックポイントだ。しーちゃんは怖がって、僕の服の裾をつかんでいる。
「こんなところ、昼間でも怖いのに……」
「大丈夫！　僕がついてるから！」
　早くここを離脱するため、急いで謎を解こう。

A3

ヒント 069
解答 114

いよいよ3つ目のチェックポイントだ。辺りはすっかり暗くなっている。

「暗くて怖い……帰りたいよう……」

「あと少しでゴールだから頑張って！　この謎は僕が解いてみせるから！」

……よし、決まった！

Last Question

道順は
「有言実行」が示している

合言葉は
ゴールにある漢字

ヒント　074

解答　141

Last Answer
※ひらがなで記入せよ

記入できたら、次のページへ →

2 肝試しからの脱出

Ending Story

「よし！　これが合言葉だ！」
「やった！　これでクリアだね！」
　２人で拳を合わせる。ゴールには他に誰もいない。どうやら僕たちが一番だったようだ。
「今日はありがとう！　怖かったけど、２人一緒だったから頑張れたよ！」
　しーちゃんが僕に優しく微笑みかける。僕の心はドキドキとうるさい音を立てた。これは結構良い雰囲気なんじゃないか……？　……今だ！　大いなる一歩を踏み出すんだ……！
「あのさ、しーちゃん……僕、君のこと、あ……あだ名で呼んでもいいかな⁉」
　しまった、間違えた！
「……？　もう呼んでるじゃない」
　仕方がない、この方向で軌道修正しよう。
「ごめん、間違えた！　あのさ、僕もあだ名で呼んでもらってもいいかな？」

「うん、いいよ！ じゃあね、えーと……
名字の2文字目が『ま』だからまーくん！
まーくんはどう？」

　まーくん。彼女がつけてくれたあだ名
はどこか特別に思えた。

「うん、すっごく良いね。ありがとう」

「どういたしまして！」

「あのさ、しーちゃん……」

　改めて彼女に告白しようとした瞬間。

「おーい！」

　後方からクラスメイトの声が聞こえて
くる。第2陣が帰ってきたようだ。

「お前ら早かったなー！ 一番になろうと
思ってたのに、負けちゃったよ」

「へへ、僕としーちゃんにかかればこんな
もんだぜ！」

　結局、僕は告白のタイミングを逃して
しまった。だが、この肝試しの夜は僕の
人生にとって何にも代えがたい出来事に
なったのであった。

3

大いなる疑惑からの脱出

ESCAPE FROM THE BIG SUSPECTS

娘

も年頃で最近はろくに口もきいてくれない。寂しさを感じつつも、仕方のないことかとあきらめつつあった。そんなある日。家に刑事がやってきた。近所の宝石店で窃盗事件があり、店の防犯カメラに映っていた犯人と私の容姿が酷似していたらしい。その日は簡単な事情聴取で済んだが、このままでは逮捕されてしまう。何とか自分で真犯人を見つけ出さなくては！

03 大いなる疑惑
からの脱出

「盗んでいません！」

　自宅の玄関先で私はつい大声を出した。

「ゴールドスターという宝石です。お心当たりありませんか」

　口調は穏やかだったが刑事の目つきは鋭い。

「聞いたこともありません」

「困りましたね。……ところで、最近娘さんの就職が決まったそうじゃない
ですか」

「何です。急に」

「捜査が長引いたら世間から疑われて娘さんの就職に影響するのではと心配
でしてね。今すぐ犯行を認めるなら、大ごとにならないようお力添えできる
かもしれませんよ」

「何だって？」

「まあ今日のところは帰りますが、5日もすれば証拠はそろいます。話をし
たくなったらいつでも警察署で待っていますよ」

　刑事は名刺を置いて去った。

「『捜査三課・神野キリト』……。あの刑事、証拠を捏造するつもりなのか？」

　本当にそんなことをするとは思えないが、問題は刑事が私を犯人と決めつ
けていることだ。捜査が長引いて娘の就職に影響が出るというのは、ありう
ることなのかもしれない。

「こうなったら自分で真犯人を見つけてやる！」

1日目

　濡れ衣とはいえ、娘の就職を台無しにしたら、一生口をきいてくれないだろう。しかし自分で犯人を探すといっても手がかりは何もない。
「あの刑事から情報を盗み出すしかないな」
　私は警察署におもむき、部屋を間違えたフリをして刑事課に入室した。もちろんすぐに追い出されてしまったが、机の上にあったメモと壁の貼り紙を盗み見ることができた。

捜査メモ

宝石店から高価な宝石が盗まれた。
当時店員は1人だけ。
盗まれた瞬間は
誰も気付かなかったという。
監視カメラに男の姿。
犯人と酷似した人物を発見、事情聴取済。
宝石店の店員は些細なミスが多く、
ものを逆さまに置いたりする。
この店は他店より平均2割も安い。
看板猫を飼っているが、当時は寝ていた。

退勤メモ

1時間ごとに退勤すること。
同じ時刻に退勤してはいけない。

・鍛治野(かじの)は19時に退勤
・日比野(ひびの)は22時に退勤
・山根(やまね)は2番目に遅く退勤
・神野(かみの)は山根より1時間早く退勤
・梅津(うめづ)は一番早く退勤
・一番早い者と遅い者の差は4時間

Q1 神野の退勤時刻は？

A1 ☐ 時　　ヒント 027　　解答 153

3 大いなる疑惑からの脱出

2日目

　私は待ち伏せし、退勤した神野を尾行した。
「どうにかして情報を盗んで……ん？」
　神野のポケットから紙が落ちた。すかさず拾う。
「これは手帳の1ページか？　何箇所かにチェック（✓）が付いている。あの刑事、ああ見えて占いに興味があるのか」
　占いと言えば悩み相談だ。ひょっとしたら神野の弱みを握れるかもしれない。少々卑怯だが、冤罪を防げさえすればいいのだ。私は占い館に行ってみることにした。

Q2 チラシの場所は？

A2 _____

3日目

「占い館のチラシがこの辺りにあるはずなんだが……」

辺りを見回していると、電柱の貼り紙に書かれた「占い館」の文字が目に飛び込んできた。

「これが、神野の手帳に書かれていた占い館のチラシだな。えーと、場所は……？」

Q3 占い館の最寄り駅は？

A3 　　　　　駅

03 大いなる疑惑からの脱出

4日目　占い館「アジト」［営業時間 12 時～18 時］

　占い館の最寄り駅は普段の通勤では通らない駅で、土地勘もなかった。何とか占い館にたどり着いた私は、占い師に神野のことを尋ねた。
「そんな客は来てないね」
「えっ？　あいつまだ来てなかったのか……」
「で、何を占ってほしいんだい」
「じゃあ……先日起きた宝石窃盗事件の犯人を」
　すると占い師は紙にバラバラとカタカナを書いてよこした。

盗まれたものの間に犯人あり

ゴ　ム　チ　ノ
　キ　　　ラ
オ　ト　リ　マ　ル
　　ー　　　ミ
ボ　　ス　ナ　エ　カ
　ン　シ　ジ　　プ
　ヤ　タ　ダ　イ　レ　ド

Q4 宝石窃盗事件の犯人は？

ヒント 102
解答 009

A4 ☐☐☐☐☐

記入できたら、次のページへ

5日目　ジュエリー「himitsukichi」［営業時間10時〜18時］

　神野の弱みを握る作戦は徒労に終わった。やはり真犯人を突き止めるしかない。

　私は事件現場の宝石店に向かった。神野の名刺を見せると店員はあっけなく私を刑事だと信じ、防犯カメラの画像を見せてくれた。幸い、本物の神野とやりとりをしていた店主は留守だった。

「カメラの故障で数時間おきに撮影された画像しかお見せできません。あの日は商品の入れ替えで頻繁に宝石を移動していましたが、最後の画像に映っていない宝石が盗まれた宝石です。ちなみに当店の宝石はすべて一点ものです」

3 大いなる疑惑 からの脱出

「そういうことか……」

　防犯カメラの画像を見た私はあることに気が付き、宝石店を出た。これで私が濡れ衣を着せられることもなくなるだろう。娘の就職にも影響は出ないはずだ。

　だが、私の心は晴れなかった。私は重い足取りで真犯人がいる場所へと向かった。

Last Question

真犯人がいる場所は？

ヒント 065
解答 029

Last Answer
※ひらがなで記入せよ

記入できたら、次のページへ

03 大いなる疑惑からの脱出

Ending Story

「自首しに来ましたね」
　警察署の玄関で声をかけられた。振り向くと神野キリトが不敵な笑みを浮かべてこちらを見ていた。
「自首するのはあなたです」
　私の言葉に神野の頬が引きつった。
「神野さん、あなたはゴールドスターが盗まれたと言ったが、実際に盗まれたのはプラチナムーンでした」
「ああ、言い間違えたかもしれませんね」
「占いではプラチナムーンを盗んだ犯人はあなたと出ました」
「占いが証拠になれば警察はいりません」
「そうですね。でも、そのおかげで私はあることに気付けたのです」
　懐から紙を1枚取り出すと、神野の顔がさっと青くなった。
「これはあなたが落とした手帳のページです。ToDoリストに『プラチナムーン娘　プレゼント』とあり、完了を意味す

るチェックが付いている。プラチナムーンは世界に１つだけなのに、です」
「そんなもの、決定的な証拠には……」
「ならないかもしれません。ただ、これを提出すれば娘さんは事情聴取されてしまいます。娘さんを悲しませたくない気持ちは痛いほど分かるんです。だからお願いです。自首してください」

　私の説得に応じ、神野は自首した。犯行動機は黙秘しているようだが、ひょっとしたら娘に見直されたくてあの宝石をプレゼントしたのかもしれない。

　私は庭で神野の手帳のページを燃やした。ふと視線を感じて振り向くと、私の娘が縁側に立ってこちらを見ていた。
「お母さんから聞いた。……その、ありがと。私のために」

　私は笑い、娘も恥ずかしそうに笑った。どうやら娘に一生口をきいてもらえない人生だけは回避できたようだ。

4

ハイジャック からの脱出

ESCAPE FROM A HIJACKING

愛

する妻とのハネムーン。その旅先へ向けて
飛行機が離陸した直後、事件は起こった。
トイレに立った妻を、見知らぬ男が後ろか
ら羽交い締めにしたのだ。その手には鋭い
ナイフ。ハイジャックだ！　男は妻を人質
にとり、操縦室に籠城した。犯人の目的は
不明だが、とにかく妻を助けて無事に着陸
しなくてはならない。そんなとき、妻から
「別れの手紙」が届いた。これは一体……？

4 ハイジャックからの脱出

　まさか新婚旅行の飛行機がハイジャックされるなんて。しかも人質に取られているのは僕の妻だ。一刻も早く妻を助けたい。一体どうすれば……。
「奥様からお手紙です」
　頭を抱える僕の元に客室乗務員がやってきて、メモ用紙を1枚差し出した。客室乗務員によれば、妻は「別れの手紙」を夫に渡したいと犯人に頼んだのだという。文面をチェックした犯人は問題ないと判断して僕の元にメモを届けさせたのだ。
　メモに重要そうなことは書かれておらず、しかも半分は意味不明な文字で埋め尽くされていた。
　でも僕には分かる。妻がこんな無駄なことをするはずがない。このメモは危機を打開するチャンスを伝えているのだ。今は妻を信じてこの謎を解くしかない。真のメッセージを読み解けるのは僕しかいないんだ！

さようなら、あなた。

持ってきたパズルを

最後のページまで

解けなかったのが残念だわ。

代わりに解いてくれる？

でいなけぽのしているも

ねらめつーわたっうのの

あきのとちにはいょきを

につにきせうくのうによ

いめてななもじじゅんん

たっぜわるいてじんしで

妻からのメモ

	1	2	3	4	5	6	7	8	9	10	11
F				■			①		③		④
E	G		⑦			S			■	■	
D			■	②							
C											⑥
B		⑤									
A											

SからGまですべての白マスを縦横に通れ。
①〜⑦のマスはその順番で通ること。

パズル本の最後のページ

次のページへ

4 ハイジャックからの脱出

機内の座席表

＝空席

機内持ち込みリスト

・ポーチ
・リュック

預ける荷物リスト

・着替え
・下着
・洗面用具
・化粧品

持ち物チェックシート

わたし（ポーチに入れる）
☑ クレジットカード
☑ 現金
☑ パスポート
☑ チケット
☑ ハンカチ
☑ 推理小説
☑ 写真

あなた（リュックに入れる）
☑ ガイドブック
☑ パスポート
☑ チケット
☑ カメラ
☑ 薬
☑ パズル本

Last Question

妻からのメッセージは？

ヒント 050

解答 034

Last Answer

※ひらがなで記入せよ

記入できたら、次のページへ →

Ending Story

　妻からのメッセージを読み解いた僕は、客室乗務員や腕っ節の強そうな乗客に声をかけ、事情を説明した。
「犯人の不意をついて、操縦室に突入するんです」
「ドアは突き破れるのか？」
　ガタイのいい男が尋ると、「それはできません」と客室乗務員が答える。
「扉は強化ドアで突き破れません」
「ドアは隙をついて妻が内側から開けてくれます……！」
　僕たちは物音を立てないように操縦室前に移動した。もしドアが時間通りに解錠されなかったら、救出のチャンスは二度と来ない。僕は不安と緊張に押しつぶされそうになりながら、腕時計の秒針に全神経を集中し、カウントダウンした。
「3、2、1」
　0と同時に僕たちはドアに突進した。ドアは開いていた。ハイジャック犯の驚い

た顔。操縦席のスイッチに手を伸ばす妻。なだれ込んだ乗客たちの雄叫び。
　その後のことはよく覚えていない。気付けば犯人は取り押さえられ、後ろ手にベルトで縛られていた。
　飛行機が空港に着陸し、僕たちは身を寄せ合いながらタラップを降りた。
「あの謎、難しすぎだよ」
「簡単だったら犯人にバレちゃうじゃん」
「そりゃそうだけどさ」
「でもうれしかったよ。開いた扉の向こうにあなたの顔が見えて」
　失敗すれば殺されるかもしれないのだ。僕が妻を信じたように、妻も僕を信じてくれていた。
「ハネムーンでハイジャックの危機を乗り越えたんだ。君と一緒ならこれからの人生は何でも乗り越えられる気がする」
「そうだね」とうなずいた妻の横顔は、昇り来る朝日の色に美しく染まっていた。

5

独身
からの脱出
ESCAPE FROM A BACHELOR'S LIFE

僕

には謎解き好きの彼女がいる。もう付き合って10年になるだろうか。意を決して、そろそろプロポーズをしようと考えているところだ。そして、今日は久々に彼女と出かける日。彼女から待ち合わせ場所がメールで送られてきた。……やはり待ち合わせ場所が謎になっている。いつも通りだ。よし、これを解き明かして彼女に会い、今日こそプロポーズを成功させるのだ……！

5　独身からの脱出

2020年8月21日、金曜日。

　僕は今日この日、覚悟を決めた。いや、以前にも何度か試したことはある。しかし、うまくいかなかったのだ。いや、あの日は朝から運がなかった。何て言ったって、会社に出勤するときに終点まで寝過ごしてしまったのだから。でも、今日は違う。

「今日こそ、絶対にプロポーズを成功させてみせる……！」

　実のところ、僕には付き合ってから10年になる彼女がいる。彼女の名は苗役志賀。小学校の教師をしている女性だ。

「お、志賀からメールだ」

　彼女には最近凝っていることがある。

「このメール、今日のデートの待ち合わせ場所を表してるらしいけど……やっぱり謎になっているな……」

　そう、謎解きだ。彼女は謎を解くことだけでなく、作った謎を僕に解かせることも好きらしい。今までどれだけの謎を解いたことか……。

　プロポーズを成功させるためには、まずは彼女と合流しなくてはならない。僕は頭を振り絞って、彼女からの謎に挑むのだった。

8 August				2020年（令和2年）子年		
SUN	MON	TUE	WED	THU	FRI	SAT
						1
2	3	4	5	6	7	8
9	10	11	12	13	14	15
16	17	18	19	20	21	22
23	24	25	26	27	28	29
30	31					

メール

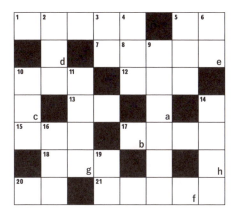

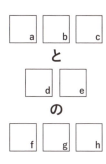

ヨコの鍵
1. 女の子たちで集まる会
5. 県庁所在地がおおつし
7. 物事をまるっと覚えること
10. 埠頭のこと
12. ひっくり返すと軽くなる動物
13. 刺身の下にご飯。ひと口で食べられる
15. 給料の他にもらえるお金。ボーナスではない
17. 新幹線でこの色の席は快適
18. 似ていること
20. 卵の白い方じゃない
21. SMLのMのこと

タテの鍵
2. 2000年のオリンピックからセーリングに変わった
3. 同じコレのご飯を食べると仲がよくなる
4. ひとがきるもの
5. 個体が変化して優れたものになること
6. 六道の地獄道の1個上の道
9.「さんせい」の反対
10. 急に吹く激しい風。新幹線の名前にもある
11. ここに人がいないとバスは止まらない
14. 無作為のことを英語で?
16. スチール缶ではない缶。割と手でつぶせる
19.「はで」の反対

待ち合わせ場所は?

A □

ヒント 031
解答 007

記入できたら、次のページへ

5 独身からの脱出

　待ち合わせ場所に着くと、彼女はうれしそうな表情を見せた。僕は彼女を連れ、こっそりと予約していたレストランへ向かう。ちょうど料理が下げられたところで、僕は彼女に話を切り出すことにした。

「志賀、僕と……」

「えっ！　ちょ、ちょっと待って！」と、彼女はあわてたように、カバンか

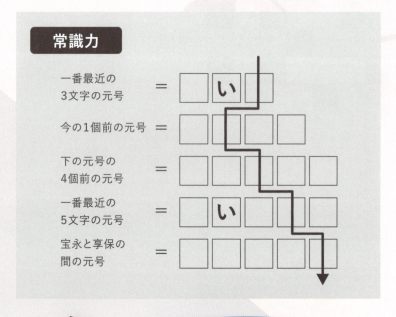

えー……。上2つは簡単だけど、下3つは難しすぎないか？
携帯使って検索しよう……。

A _____　ヒント 108　解答 083

ら何かを取り出す。

「あのね、その言葉の続きは……ここで聞かせてほしいな」

渡されたのは、白い封筒だった。

「じゃ、じゃあ、先に行って待ってるから……！」

どうやら、この中身を解くと彼女が示した場所が分かるようだ。

記憶力

私の誕生日に
「今年行ったところ」の1文字目
「去年に行ったところ」の2文字目
「2年前に行ったところ」の3文字目

6年前から毎年、彼女の誕生日に旅行してるんだけど、全然思い出せない。確か……

今年は、日本一大きな湖のある県「＠＆゛＋＊」
2019年は、日本の最北端の県「＃？◆％＋＊」
2018年は、カジノで有名な州がある「＃＝％＆」
2017年は、こんにゃくが有名な県「▲゛＊■＋＊」
2016年は、焼肉がうまい「＆＊！▲」

A _____

ヒント 018   解答 057

次のページへ →

5 独身からの脱出

パズル力

イ	ラ	ウ	🐰	キ	ク
🐄	🐯	ザ	ン	🐍	🐴
ブ	ガ	🐭	ザ	チ	オ
バ	タ	フ	🐲	ジ	ル
🐶	🐗	オ	ポ	🐵	🐑
シ	パ	🐔	ア	ャ	モ

今年の干支から順番に
すべての干支を通り
今年の干支に戻れ。
その際、マス目をすべて
通ること。
ただし赤い壁は通れない。
今年の干支を1として
5、15、20、30文字目を読め。

A ▢

ヒント 013 　解答 106

今年は……ネズミ年！ 干支の順番は
ネズミ、ウシ、トラ、ウサギ、リュウ、ヘビ、
ウマ、ヒツジ、サル、トリ、イヌ、イノシシ。
あとは頑張るしかない！

常識力 = [3][ ][ ][ ][ ]
記憶力 = [ ][2][ ][ ]
パズル力 = [ ][ ][1][4]

１２３４で待ってるよ！

First Question
彼女がいる場所は？

Answer
▢

ヒント 137 　解答 167

謎を解き、答えの場所へとたどり着く。しかし、彼女の姿はなかった。
「どういうことだ……？」
　まさか、答えを間違えたのだろうか？　不安になり、封筒をもう一度よく確認する。
「あっ！」
　僕は封筒の中に、小さな文字が書かれていることに気が付いた。
『ここを見ているということは、悩んでるということだと思います！　なので、1つだけヒントをあげましょう！　もしかしたら忘れちゃってるかもしれないから、2年前に私と行った場所についてです！　初の海外だったんだよ！……思い出した？』
「うーん、これがヒントか……？」
　彼女は一体、今どこにいるのか？　2年前に行った場所とはどこなのか？　もう一度考えてみる必要がありそうだ。
　謎をもう一度考え直すと、新しい答えが見えてきた。
「そうか、この謎が示す場所は……！」
　僕は封筒を手に、目的地へと走り出した。

Last Question

彼女がいる場所は？

ヒント 145
解　答 059

5　独身からの脱出

Ending Story

　緑が生い茂るその場所で、彼女はベンチに座っていた。僕と目が合った瞬間、にっこりと微笑む彼女。

「やっぱり気付いてくれたね！」

「ああ。最初は違う場所に行っちゃったけどね」

「ふふ、やっぱり引っかかったのね」

「よく考えたらあの場所にはあんまり2人の思い出がないんだ。だから、途中でおかしいと思った。だけど、この場所は違う」

「私たちの初デートの場所！　でしょ？」

「お祭りの夜だったね。2人でりんご飴を食べた」

　そう言えば、彼女の目が懐かしそうに細められた。

「ふふ。それでは初めてデートをしたこの場所で、さっきの続きを聞かせてくれますか？」

「……ああ。志賀、僕と……結婚してください」

「もちろん！　これからもよろしくね！」

　こうして、僕のプロポーズ大作戦は幕を閉じたのであった。

　しかし、彼女の謎好きっぷりは止まることを知らなかった。これは、結婚式当日の話である。

「これ、あなたの籍に入る私から最後の謎！」

　そう言って、彼女は俺にメモを手渡した。

「なになに……？

『「私のし」から「君のき」をつないで』……？」

　……最後の謎か。人生が終わるまでに、僕に解き明かせるのだろうか？

ヒント 003　　解答 111

6

バッド エンド からの脱出

ESCAPE FROM THE BAD END

僕

は小学2年生。学校から帰ったら、いつも
ひとりぼっちで絵本を読んでる。大好きな
絵本があるんだけど、おしまいだけは気に
入らない。だって、主人公たちがみんなや
られちゃうバッドエンドなんだもん。そう
だ。お母さんが言っていた「よみがえりの
神様」が住んでいる木のところへ行ってみ
よう。よみがえりの神様のなぞなぞに答え
たら、主人公たちを助けてくれるんだって。

6 バッドエンド
からの脱出

　僕はクラスメイトからノロマとかマヌケとか嫌なあだ名をつけられてバカに
されてる。でもその通りなんだ。僕は勉強もスポーツもできない。音楽や図工
も得意じゃない。物語でたとえたら、僕はほんのちょっとしか出番のないダメ
な脇役だ。

　放課後、クラスメイトから「遊ぼう」と誘われることもある。でもどうせま
たからかわれるから、返事もせずに家に逃げ帰る。そしていつものように床に
寝そべって、大好きな絵本を読むんだ。

　表紙もないボロボロの絵本が僕の一番のお気に入り。『桃太郎』のような話
なんだけど、主人公たちはみんなダメなやつ。そして変なあだ名をつけられて
る。僕みたいにね。

　でもこの絵本、最後は主人公たちがみんなやられて終わるバッドエンドなん
だ。これじゃあ僕の人生もバッドエンドだって言われてるようなものじゃない
か。何とかこの本の主人公たちを助けてあげたい。ずっとそう考えてた。そし
てあるとき、お母さんが言っていたことを思い出したんだ。
「神社の裏の大きな木には『よみがえりの神様』が住んでいるのよ」
　僕は絵本を抱えて、家を飛び出した。

　神社の裏には確かに大きな木があった。そして木のそばの立て札には「よみ
がえりの儀式」が書かれていた。
「よみがえらせたい相手のフルネームが必要なのか。えーと、この本の主人公
の名前は……」

　絵本には主人公のあだ名は書いてあったけど、本当の名前は書いてなかっ
た。どうしたものかと木を見上げていると、風が吹いて葉っぱがざわざわと音
を立てた。急に寂しい気持ちになって帰ろうとした僕の足元に、紙切れがひら
りと落ちた。

> このなぞをといて
> フルネームをみちびきだせ。

　僕はもう一度、大きな木を見上げた。
「まさか、神様がこの紙を……?」
　僕はだんだん怖くなってきた。でも謎を解けば「フルネーム」が分かり、よみがえりの儀式ができる。「よし」と僕は決心し、太い木の根っこに腰を下ろして謎を解きはじめた。

次のページへ

6 バッドエンドからの脱出

僕が生まれたのは、
葵すら葉を散らす
とっても風の強い日でした。

僕が育った、
このとっても平和な村。

しかし、村の平和は
突然現れた乱暴なオニの
ノロイによって壊されて
しまったのです。

2 3

「何とかこの村にかけられた
オニのノロイをといてくれ……
頼むぞフウタロウ……」

ついたあだ名は
フウタロウ

フウタロウ、10歳の夏のこと。
村長の頼みで、オニを倒す旅に
出ることになりました。

う〜ん！うれしい！
あのオニたいじに！
すごい楽しみです！

「オレ…？
めんどくさい…
まったく…」

ついたあだ名は
マヌケイヌ

ついたあだ名は
ノロマザル

「こんな私ですが
どうぞよろしく……」

ついたあだ名は
ヨワキジ

お互いあだ名しか知らないけれど、
僕には一緒に冒険する仲間が3人。
僕のはじめての冒険が幕を開けました。

4 5

58

たくさんの困難を乗り越え、ぼくらはオニの住む島に到着しました。

お互いのフルネームすら知らない僕らも、長い旅ですっかり仲良しに。

戦いの前夜、僕らは何としても伝説の短剣をオニの右目に突き刺して、とどめをさそうと決意をしました。

さあ!! 投げるんだ！
オニと対面したぼくらは、
何とかオニのそばへ。

戦いはのこりわずか。
投げた短剣の周りに現れた光が
オニの住む島中を包みました。

次のページへ

6 バッドエンドからの脱出

ついに短剣は届きませんでした。僕らは敗北しました。

乱暴なオニの最後の一撃で、僕らは倒れてしまいました。終

10

この絵本の主人公のフルネームを知り、絵本をバッドエンドから救いたければ、この謎を解き明かせ。

Q1 主人公の家から井戸へ行け
A1 | □ | 4 | □ | 1 |
ヒント 138
解答 028

Q2 夜空で主人公のあだ名を結べ
A2 | □ | □ | 2 | 3 |
ヒント 066
解答 144

Q3 主人公の指差す先を見ろ
A3 | □ | 6 | 5 | □ |
ヒント 048
解答 071

フルネームは | 1 | 2 | 3 | 4 | 5 | 6 |

60

よみがえりの儀式の方法

よみがえらせたい相手のフルネームを、
祈祷盤を使って1文字ずつ変換し、
現れた言葉をお告げの ▢ に記入せよ。
お告げに従えば、よみがえりの願いは叶うだろう。

祈祷盤

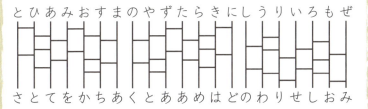

―― お告げ ――

▢ ★ の間を読め

First Question

最後のページのありかは…

ヒント 098
解答 052

Answer ▢

6 バッドエンドからの脱出

　謎を解いて出てきた言葉の通り、僕は近くの塀の上を探してみた。すると、そこにこんなものを見つけた。

　これは何だろう？　犬の絵が描かれたちょっと分厚い紙。何だかひどくボロボロだ。
「何だ。よみがえりの儀式をしたのに、主人公たちはよみがえらないじゃないか」
　あきらめて帰ろうとした僕の足元に、また紙切れがひらり。

> せんにゅうかんにとらわれて
> すぐあきらめるな。
> しっかりかんがえろ。

「『せんにゅうかん』って思い込みみたいな意味だっけ。どういうことだろう」
　僕の目は、紙切れと犬の絵が描かれた紙の間を何度も行ったり来たりした。
「ひょっとしてこの分厚いボロボロの紙はこの絵本の……ってことはまさか！」
　僕はハッとして、もう一度、木の根の上に座り込んだ。

Last Question
最後のページのありかは…

ヒント 166
解 答 024

Last Answer
※ひらがなで記入せよ

記入できたら、次のページへ

6 バッドエンドからの脱出

Ending Story

　校舎に駆け込み、自分の下駄箱を開ける。中に入っていたのは絵本の11ページ目だった。最後のページが破れていたんだ！　つなぎ合わせると物語は最高にハッピーな結末に変わった。
「やったぞ！　マヌケイヌ！」
　僕と同じあだ名の脇役みたいな犬こそが物語の本当の主人公だった。僕だって僕の人生っていう物語の主人公なんだ。

ついに短剣は届きませんでした。僕らは敗北しました。

乱暴なオニの最後の一撃で、僕らは倒れてしまいました。終

ました。僕らはあきらめの前にオニ

息の根を止めたすっかり疲れてわった安心感からでしょうか。

サル・キジ・ヒトという3人の仲間とイヌの僕の冒険は、これでおしまい。

10　　　　　　11

「せんにゅうかん」で最初からあきらめちゃいけない。みんなにマヌケと言われても犬は鬼をやっつけたじゃないか。こんな僕だってきっと何かできるはずだ。

「僕、この絵本みたいな物語を描いてみたいな。でもそのためにはまず僕自身が仲間と冒険してみた方がいいか……」

「よう。お前、ヒマか？」

　振り向くと男の子が立っていた。

「オレ、今から冒険に行くんだけどさ」

「えっ！　冒険？」

「3丁目に鬼ババが住んでるって噂の屋敷があるだろ。お前も一緒に来ない？」

　神様、下駄箱に絵本のページを置いて僕を学校に向かわせたのは、こうして冒険のきっかけを作るためですか？　何だか僕自身もよみがえった気持ちです。

　僕はうなずいた。僕が主人公の「人生」という物語が、最高のハッピーエンドに向けて動き出したんだ。

7

迷走する車からの脱出

ESCAPE FROM A STRAY CAR

「早

く病院に来て！　産まれそう！」妊娠中の妻から突然の電話があり、僕はあわてて車に飛び乗ったが……。「あ、あれ？　この道はどっちだったかな？」極度の緊張で頭の中が真っ白になり、病院への道をすっかり忘れてしまった！　結婚する前から、出産には必ず立ち会いたいと思っていたのに……。スマホの充電も切れてしまい、絶体絶命。何とかして道を思い出さなくては！

7 迷走する車からの脱出

　妻が隣町の実家へ向かっている途中で急に産気づき、親鸞病院に運ばれたらしい。結婚4年目、昔から出産には必ず立ち会いたいと思っていた僕は急いで車に飛び乗った。が、なぜか病院への道が全く思い出せない！　ナビもなく、スマホの充電も切れ、自宅のパソコンも故障中だ。パニックになりながらも、僕は車の中にあったものをかき集め、頭の中でやるべきことをまとめた。
「5分でルートを見つけて、25分以内に病院までたどり着けば、きっと出産に間に合うはずだ！」

手順1　妻の買い物メモを読み、西初屋の場所を地図❶に書き込む。
ヒント 120　解答 036

手順2　写真❶を見て、ミラーハイツ最澄の場所を地図❶に書き込む。
ヒント 094　解答 125

手順3　チラシを見て、市役所の場所を地図❶に書き込む。
ヒント 051　解答 077

手順4　地図❶と地図❷のつながりを考える。
ヒント 103　解答 142

手順5　自宅から親鸞病院まで25分以内にたどり着くルートを見つける。（方向音痴のため地図の外に出ることはできない）
ヒント 135　解答 155

妻の買い物メモ

西初屋への行き方

まず、自宅を出て右へ進み、最初の信号で左に曲がる。
つぎに、五角形1つと三角形5つのところで右に曲がる。
その後、赤い33の手前の駐車場で車を停める。
それから北に10分進んだら左に西初屋の入り口があるよ。

写真❶

ショップカード❶

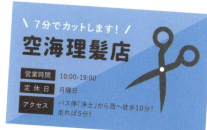

ショップカード❷

ショップカード❸

チラシ

写真❷

次のページへ

7 迷走する車からの脱出

※地図中の矢印は一方通行なので、車はその方向にしか進めない。

※駐車場以外で車を停めてはいけない。

Last Question

25分以内に自宅から病院までたどり着くルート上の文字を読め。

ヒント 082　解答 159

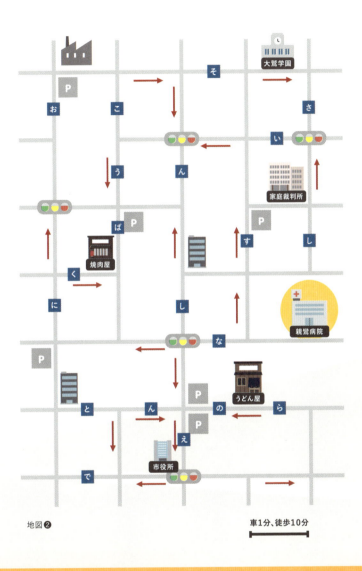

地図❷

車1分、徒歩10分

Last Answer
※ひらがなで記入せよ

記入できたら、次のページへ

7 迷走する車からの脱出

Ending Story

「あった！ あれだ！！」
　交差点を曲がると病院が見えた。エントランスに駆け込み、4階までノンストップで駆け上がる。分娩室の扉を開けると、すでに妻は分娩台に上がっていきんでいた。すぐに僕に気が付き、こちらに顔を向けて苦しそうに笑う。
　何とか間に合ったようだ。看護師さんが「どうぞ」と僕にタオルを渡してくれた。途中で車を止めて走ってきたので汗びっしょりだ。僕は額の汗を拭いた。
「何やってんの……！」
「え？」
「それ、あんたの汗じゃなくて私の汗を拭くタオルだから……！」
「……あ！ ごめん!!」
「こんなときに笑わせないでよ　お腹痛いんだから!!」
　妻は元気な女の子を産んでくれた。その後、個室に移動した僕たちはスヤスヤ

眠る赤ちゃんの顔をずっと眺めていた。
「この子の名前を考えたんだけどさ。『千』に『笑う』で『千笑』ってどうかな。よく笑う人生になりますようにって。名字が９画だから画数占いも悪くないみたいだよ」
「うん、いいね。あなたと一緒にいると私はいつも笑えて幸せだもん」
「そうかい？」
　僕は照れ臭くなってつい頭をかいた。
「分娩台でいきんでる最中にまで笑わせられたからね」
「さっきのタオルのことはこの子が大きくなっても言わないでくれよ」
「あ！　ほら、笑ったよ！　私たちの話、聞いてるのかな」
　必死でこの病院までのルートを導き出して、出産に間に合ってよかった。こんなに素敵な２人の笑顔を見ることができたのだから。

8

無人島からの脱出

ESCAPE FROM AN UNINHABITED ISLAND

た

まには豪華な家族旅行がしたいと子供たちにせがまれ、奮発してヨットをチャーター。しかし突然の嵐に巻き込まれ、気が付くと私たちは無人島に漂着。娘はすぐそばの浜辺で倒れていたが、妻と小学生の息子は森を隔てて遠くに見える岬に流れ着いたようで、離れ離れになってしまった。妻には持病があり、もし発作が出てしまえば最悪、命に関わる。早くこの薬を届けなくては！

8 無人島からの脱出

　家族旅行中にチャーターしたヨットが嵐に巻き込まれ、私たち家族は無人島に漂着した。今年16になる娘はすぐそばに倒れていたが、息子の和也と妻は森を隔てて遠くに見える岬に流れ着いたようだ。

　目を凝らして岬を見ると、和也が何やらジェスチャーをしている。体の前に大きくバツを出したかと思うと、今度は自分のことを指差し、最後に両手を大きく振った。「助けてくれ」「俺が」「危ない」と言いたいのだろうか。小学3年生の和也はワガママで甘ったれなところがあるが、こんなときでも自分のことしか考えていないのか、と少々落胆した。

　水平線にうっすらと陸が見える。狼煙を上げれば近いうちに救助が来るだろう。心配なのは妻の持病だ。薬が入ったポーチはこちらに流れ着いている。

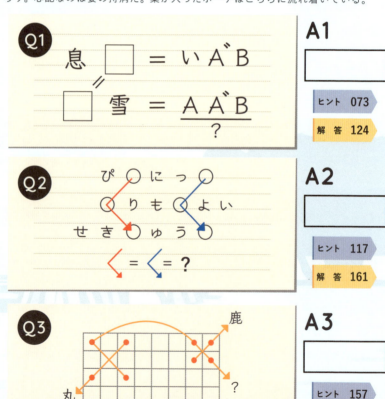

一刻も早く薬を届けなくては。救助の前に発作が出たら妻は助からない。
「父さんは目指す方角を決めたぞ。ゲンを担いで……」
「『ゲンを担いで、ウチの名字に入っている漢字の方角へ向かうんだ』とかテキトーなこと言わないでよ」
「よく分かったな」
「真面目にやって！　お母さんの命がかかってるんだよ！」
　途方にくれる私たちの足元にボロボロの麻袋が落ちていた。
「何だこれは？」
　中身はかつてこの島を探検した者が残したと思われる謎めいた日記と島の地図だった。これを読み解いて何とか島の反対側へと向かうしかない！

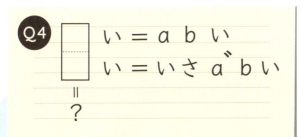

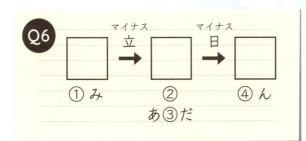

8 無人島からの脱出

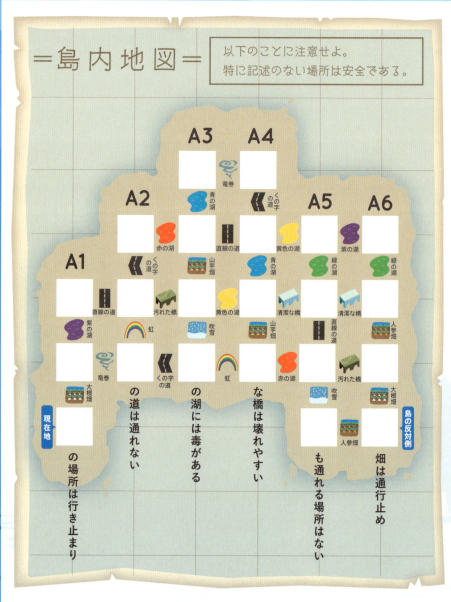

現在地から島の反対側まで安全なルートを進め

妻と和也のいる岬までもうすぐというところで、目の前に巨大な石の門が立ちはだかった。門の両脇は崖になっていて回り込んで向こう側に行くことはできない。よく見ると、門には「合言葉を言え」と文字が彫られており、さらに奇妙な図も描かれていた。これはもしかして……。

Last Question　扉を開く合言葉は？

Last Answer
※ひらがなで記入せよ

ヒント 091　解答 055

8　無人島からの脱出

Ending Story

　合言葉を唱えると、石の門は轟音とともにゆっくりと開いていった。どんな仕掛けで動いているのか不思議だったが、今はそれどころではない。門をくぐり、急な下り坂を駆け抜けていくと、ついに妻と和也がいる岬までたどり着いた。
「お父さん、早く来て！　お母さんが！」
　和也が大声で叫ぶ。そのそばに妻が倒れていた。汗をびっしょりかいて呼吸も荒い。緊張で発作が出てしまったのだ。急いで薬を取り出し無理矢理飲ませる。
「しっかりしろ！」
　私は妻の手を強く握った。
「う……。来てくれたのね……」
　妻はうっすらと目を開けた。呼吸が少し落ち着いてきたようだ。
「もう大丈夫だ。発作はじきに治まる」
「よかったぁ……」
　和也はかすれた声でつぶやき、その場にへなへなと座り込んだ。

「和也。お手柄だな」
「へへ。お父さん、僕のジェスチャー、読み解いてくれたんだね」
「ああ。よく頑張って伝えてくれた」
　私は和也を抱き寄せた。和也はこの小さな体を必死で動かして、母親を救うためのジェスチャーを私に伝えていたのだ。ワガママで甘ったれだとばかり思っていた息子は、いつの間にか頼もしく成長していた。
「最低最悪の家族旅行になっちゃったね」
「そうか？　お母さんを助けられなかったら最低最悪だったけど、そうはならなかった。お前がしっかりしてくれたおかげで家族の人生が変わったんだ。いつかみんなで今日の思い出を笑い合えるよ。人生を変えた大事なワンシーンとしてね」
　うなずく和也の背後の水平線に、こちらへ向かってくる船が見えた。

9

迷子
からの脱出

ESCAPE FROM GETTING LOST

5分間リアル脱出ゲーム 人生

幼

→

稚園に通っている僕。ある日、僕はママと一緒に、初めてデパートに出かけた。見たことがないものばかりでワクワクする。ぼうっと周りを見回していると、いつの間にかママがいなくなっている。どうやら1人、迷子になってしまったようだ。僕はふと、ママが「困ったときに」と持たせてくれた手紙のことを思い出す。今こそそのとき。僕はそっと、ママからの手紙を開いた。

9 迷子からの脱出

　今日はママと初めてデパートに行く日。ついはしゃいでいると、いつの間にか迷子になってしまった。そういえば「困ったときに」と手紙を渡されていた。これを読めばママに会う方法が分かるかも……。

　手紙を開くと、そこにはひらがなに混ざって謎の図形が書かれている。この図形の正体はきっと「カタカナ」だ。この間、強がって「読める」って言っちゃったから……。

　手紙だけではなく、周囲のいたるところにカタカナがあふれている。カタカナを読み解いて、どうにか迷子から脱出しなければ……。

進め方

① 手紙と地図、視点を見て、図形とカタカナの対応が分かるところを表に埋めていこう！

② 埋まったら、手紙の通りに進んでいこう！
それぞれの視点の真ん中にあるアルファベットは、交差点（☐）を表しているよ！

③ ママの手紙を読み解いて、手紙の示す場所にたどり着ければ迷子から見事脱出だ！

ヒント　093　　解　答　170

まいごになったときは、まず❁゛ー✳▲✱☆ーをさがそう！
❁゛ー✳▲✱☆ーにせなかをむけて、まっすぐすすむと
ほんやさんがあるはず！
✖゚✱やさんとほんやさんのあいだをぬけて、そのさき
ひとつめのわかれみちを、ひだりにまがってね。
そこをまっすぐすすんで、★✿ー✪のあるおみせを
みつけたら、そこをひだりにまがってね。
そのさきひとつめのわかれみちのひだりてにある
ばしょにいけば、きっと✲✱にあえるはず！

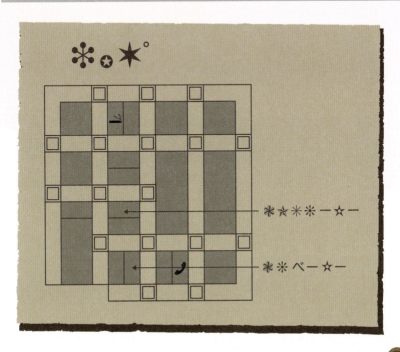

次のページへ

9 迷子からの脱出

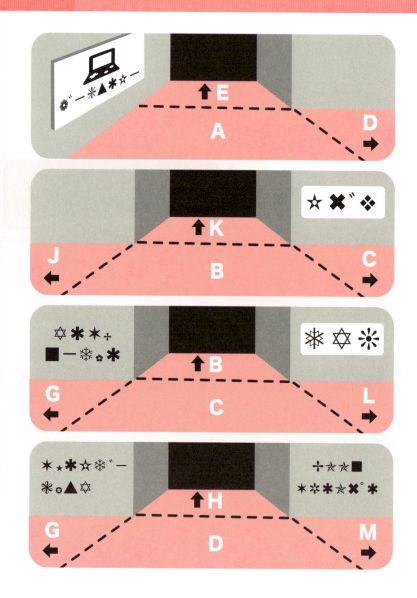

Last Question

最後に辿り着いた場所は？

ヒント 021
解答 058

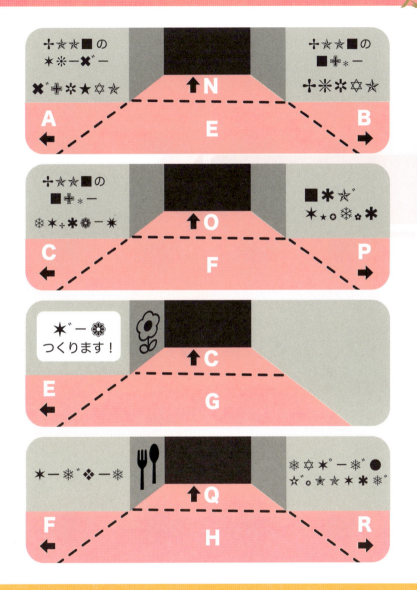

Last Answer
※ひらがなで記入せよ

迷子からの脱出

Ending Story

「ママ！」
　目的地が見えた瞬間、僕はママの姿に気付いて駆け出した。ママは僕と目が合うと、にっこりと微笑んだ。
「良かった、手紙を読んでくれたのね」
「うん！」
　僕はママの腕の中でしっかりとうなずいた。実はカタカナが読めなかったことは秘密にしておこう。

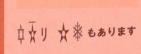

でも今回のことを通じて、カタカナが読めるようになった気がする。試しに目についたポスターに書いてあるカタカナを読んでみた。
「ママ、あれって『いたりたともあります』って書いてあるんだよね？」
「え、何のこと？」
　僕の言葉に、ママは不思議そうな顔をした。……僕、何か間違えたかな？　カタカナは奥が深いなぁ……。
「周りに気を取られて、ぼんやりしていたら、また迷子になるわよ」
「気を付ける！」
　僕はあわてて気を引き締めた。
　デパートを出て、帰り道。電車の中で僕は外の景色を眺めていた。綺麗な夕焼けが広がっている。
　最寄り駅の豊政駅で電車を降り、ママと手をつないで家まで歩く。僕の人生の最初の冒険とも言える１日は、こうして終わった。

10

エレベーターからの脱出

ESCAPE FROM THE ELEVATOR

5分間リアル脱出ゲーム人生

僕

は社会人1年目。そこそこ大きい会社に勤める会社員だ。今日は朝礼での発表当番の日。しくじるわけにはいかない。ビルのエレベーターに乗りながら、必死に内容を確認する。しかし、大きな音がしたかと思うと、突然エレベーターが停止。閉じ込められてしまった！　このままでは朝礼に間に合わなくなってしまう……。どうにかして、このエレベーターから脱出しなくては！

10 エレベーターからの脱出

77階建てのビルのエレベーターに乗り、目的階のボタンを押す。10階で人が降り1人になったあと、上昇中に突然、大きな音と共にエレベーターが停止してしまった。操作パネルを開くと、緊急時の対応マニュアルが。これに従ったときに現れる4文字のキーワードを入力できれば扉を開くことができるらしいが……。

Q1 4つのイラストを選び、しりとりのループを作れ

A1 ☐☐☐☐

ヒント 119
解答 049

Q2

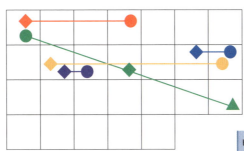

 = 虹

  = ?

ヒント 001
解答 122

A2 ☐☐☐☐

Q3

 + = 粟飯　🔑 +  = 角切り

だとするとき、 + = ?

ヒント 147
解答 172

A3 ☐☐☐☐

Q4

ソ	ト	イ	コ	ハ
カ	ユ	ピ	ア	リ
ン	ボ	タ	マ	ル
ダ	ロ	ガ	ヨ	ズ
ホ	ウ	シ	ス	ナ

⚽ 球

🌹 ①②

🐎 ③④

カン

恋 ❤️

ヒント 030　解答 076

A4 ☐☐☐☐

10 エレベーターからの脱出

Q5

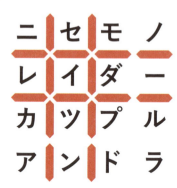

ヒント 026
解答 110

①②③④ = ？　A5 ☐☐☐☐

Q6

辞書の順に単語が上から並ぶようにして左端と右端を取り払え

ゼネコン

デアエル

タジタジ

ナナハク

A6 ☐☐☐☐

ヒント 109
解答 116

Q7

⑥	④			①		
						②
		⑤	③		⑦	

①②③②④⑤⑥⑦ = ?

ヒント 005

解答 136

A7 ☐☐☐☐

First Question

扉を開くためのキーワードを導くには……

Answer ☐☐☐☐

ヒント 113

解答 158

記入できたら、次のページへ →

10 エレベーター
からの脱出

　キーワードを入力すると、エレベーター内に音声が響く。

「はい、こちらコールセンターです」

　どうやらエレベーターのメンテナンス会社につながったようだ。

「実はエレベーターに閉じ込められてしまったんです。マニュアルに従って、扉を開くためのキーワードを入力したのですが……」

「あなたが入力されたのは、扉を開くキーワードではなく、コールセンター連絡用のキーワードです。入力を間違えていませんか？」

　おかしい。僕はマニュアルに従って、正しくキーワードを導いたはずだが……。

「お客様のエレベーターの状態を確認したところ、停止の影響か、エレベーターの表示ディスプレイに異常が発生しています。今まさに表示されているべき縦棒で、表示できていないものがあるようです。おや、どうやら横棒にも表示できていないものがあるようですね……」

「ディスプレイの異常よりも、今はこのエレベーターから早く出たいんですが……マニュアルが間違ったりしてませんか？」

「マニュアルには誤りがないようです。正しく導いたキーワードを入力すれば、扉を開けられるはずです」

　このままではらちがあかない。一体どうしたものか……。

Last Question

正しいキーワードは？

ヒント 127　解答 165

Last Answer
※ひらがなで記入せよ

記入できたら、次のページへ

Ending Story

「良かった、出られた……！」

　閉じられた空間にいたせいか、外の空気が新鮮に感じられる。腕時計を確認すると、朝礼の時間まではあと10分ほどしかない。僕は、急いで階段を駆け上がった。もうエレベーターに閉じ込められるのはまっぴらだ。

「おはようございます！」

　タイムカードを切り、オフィスに入る。朝礼の時間まであと1分。よし、ギリギリ間に合ったぞ。

「おはよう、ギリギリだったな」

　隣のデスクの同期が僕に話しかけてくる。

「いやぁ、エレベーターに閉じ込められちゃってさ……」

「ええ!?　マジかよ！　大変だったな」

「朝礼の準備も考えて、今日はいつもより余裕を持って出てきたはずだったのにな……」

「でも、それって人生でもなかなかない経験だよな。今日の朝礼、そのことを話したらどうだ？」

「ええ!?」

「絶対先輩たち面白がると思うけどな」

「そうかなぁ……」

結局、僕は今朝の出来事について朝礼で発表した。上司も先輩も笑ってくれて、結果的には良い朝礼になったと思う。……前々から準備していた努力は無駄になったけど。

疲れた体で帰路につく。会社の最寄り駅を歩くたび、この駅のことを指していると分かっていても、自分の名前が呼ばれるとびっくりするものだ。そのまま自宅に向かって3駅分電車に乗る。そうして僕は家へと帰り着いたのであった。

ヒント・解答編

ヒント・解答編

Hints & Answers

このページ以降には、各問題のヒント・解答が
書かれています。どうしても解けないときに、
該当する数字を参照してください。

001　10章 Q2 ヒント1

マスの数を数えてみましょう。

→ さらなるヒントは 139 へ

002　5章 Q2（Another）解答

正解は「じょきょく（序曲）」。起点を2018年と考えると、1列目には「めいじ（明治）」、2列目には「しょうわ（昭和）」が入ります。

003　5章 Ending Story ヒント1

「私のし」と「君のき」を、これまでの問題から見つけましょう。

→ さらなるヒントは 037 へ

004　7章 手順5 ヒント2

車で自宅から病院まで行くには図のようなルートが最短ですが、27分かかってしまいます。買い物メモをもう一度読んでみましょう。

→ さらなるヒントは 129 へ

005　10章 Q7 ヒント1

7つで構成され、うち2つが赤・青のものに心当たりはないでしょうか？

→ さらなるヒントは 053 へ

006　6章 Q3（Another）ヒント

絵本の中に、マヌケイヌが指を指しているページがあります。

→ 解答は 104 へ

007　5章 メール 解答

正解は「フルイド公園」。クロスワードを埋めると図のようになり、「かぐやとつきのあいだ」という言葉が現れます。家具屋（リサイクル家具屋）と月（ムーンパーキング）の間にあるのはフルイド公園です。

008　8章 Q3 ヒント2

マス目は五十音表の一部を示しています。

→ 解答は 123 へ

009　3章 Q4 解答

正解は「オマエジシン（お前自身）」。盗まれたという「ゴールドスター」の文字を順に線で結び、線上の文字を読みます。

010　6章 First Question ヒント3

赤と青の星は、絵本の6〜7ページの夜空にあります。

→ 解答は 052 へ

011　8章 Q4 解答

正解は「清潔（せいけつ）」。上段は「きよい」、下段は「いさぎよい」。それぞれ漢字にして縦に読むと「清潔」になります。

ヒント・解答編

ヒント・解答編 012〜023

012　7章 手順1 ヒント2

「赤い 33」とは、写真❷にある「EE」の看板を逆方向から見たものと言えます。すると、車を停めた駐車場が分かります。

➡ 解答は **036** へ

013　5章 パズル力 ヒント1

今年（2020年）の干支であるネズミから順番に干支をたどると、ウサギまでは図のようになります。

➡ さらなるヒントは **064** へ

014 　6章 Q1（Another）ヒント

主人公の家は絵本の5ページで分かります。

➡ 解答は **131** へ

015 　3章 Q2 ヒント2

上の暗号を読むと「チェックの下を左から読め」となります。チェック（✓）の真下にある文字を左から読んでいくと……。

➡ 解答は **105** へ

016 　6章 Q2（Another）解答

正解は「あずき」。絵本 6〜7ページの夜空の絵を使い、「まぬけいぬ」の文字をつなげると矢印になるので、指し示す文字を読みます。

017 　8章 Q2 ヒント2

一番上の行は「ぴくにっく」です。

➡ 解答は **161** へ

018 　5章 記憶力 ヒント1

主人公の台詞内にある記号を文字に変換しましょう。同じ記号には同じ文字が入ります。

➡ さらなるヒントは **047** へ

019 　10章 Q1 ヒント2

しりとりのループができたら、それらを結んだ線上の文字を読んでいきましょう。

➡ 解答は **049** へ

020 　5章 常識力 ヒント2

3行目には「ぶんきゅう（文久）」、5行目には「しょうとく（正徳）」が入ります。

➡ 解答は **083** へ

021 　9章 Last Question ヒント1

86ページの一番上の視点はT字路になっているので、ゲームセンターがあるのは地図の中央もしくは左下です。地図上の交差点（□）にアルファベットを書き入れていくと、どちらにあるかが分かります。

➡ さらなるヒントは **085** へ

022 　3章 Q3 解答

正解は「光」駅。「豊政駅から2駅以内では行けない駅である」が嘘で、他の4つの情報をすべて成立させるのは光駅です。

023 　10章 First Question ヒント5

現れる言葉は「アメトウマノアイダノヨンモジ」。「飴」と「馬」は、どこかで見ているはずです。

➡ 解答は **158** へ

A5	アイアイ
A7	タダメシ
A3	ヒノトリ
A4	ガヨウシ
A2	ダンマク
A1	クモノス
A6	ネジアナ

024　6章 Last Question 解答

正解は「げたばこのなか（下駄箱の中）」。表紙から絵本の本当の主人公が「マヌケイヌ」だと分かるので、これまでの謎を解き直します。すると主人公のフルネームは「すずきあおい」と判明。これを祈祷盤と照らし合わせると、お告げは「とどめをさし☆の間を読め」になります。絵本の 7 ページの「短剣をオニの右目に突き刺して、とどめをさそう」という言葉通り、絵本の 9 ページにある短剣の剣先が、オニの右目に刺さるようにページを折り返します（図）。折ったあと、黄色い☆の間の文字を読むと、答えが現れます。

025　1章 Q3 ヒント 1

すべての科目をひらがなに直してみましょう。「げんだいぶん」と「せいぶつ」の間に「ぶ」があることに注目。

➜ さらなるヒントは 095 へ

026　10章 Q5 ヒント 1

右の図はエレベーターのディスプレイです。92 ページにあるディスプレイのデジタル数字を、図の通り 4 分割してみましょう。

➜ さらなるヒントは 156 へ

027　3章 Q1 ヒント

「鍛冶野は 19 時に退勤」「日比野は 22 時に退勤」から、その差は 3 時間。「一番早い者と遅い者の差は 4 時間」と「梅津は一番早く退勤」という条件を組み合わせると、梅津が 18 時に退勤していることが分かります。その他の条件を考えれば、神野の退勤時刻が分かるはずです。

➜ 解答は 153 へ

028　6章 Q1 解答

正解は「たると」。絵本の 2〜3 ページの地図を使い、4 ページで示されているフウタロウの家から井戸までをたどり、ルート上の文字を読みます。

029　3章 Last Question 解答

正解は「けいさつしょ」。デジタル時計を逆さに見て、「21:01」が最後の時間。その時間にないのは、プラチナムーンです。Q4 で「ゴールドスター」の代わりに「プラチナムーン」で占ってもらうと、犯人は「カミノキリト」と示されます。神野キリトは「話をしたくなったらいつでも警察署で待っていますよ」（26 ページ）と話していました。

030　10章 Q4 ヒント 1

それぞれのイラストを言葉に変換してみましょう。イラストの隣に書かれた言葉とは別の言葉への変換が必要です。

➜ さらなるヒントは 160 へ

031　5章 メール ヒント

ヨコ 15 のさらなるヒント：住宅〇〇〇、家族〇〇〇などがあります。タテ 9 のさらなるヒント：「さんせい」は「酸性」のことです。

➜ 解答は 007 へ

ヒント・解答編

ヒント・解答編 032〜040

032 6章 Last Question ヒント5

祈祷盤でフルネームを変換すると「とどめをさし」となります。お告げは「とどめをさし☆の間を読め」。とどめをさす方法は何でしょう？

→ さらなるヒントは 151 へ

033 5章 Last Question ヒント2

2人の旅行について記述があるのは、Q3の記憶力問題です。行った場所をすべて明らかにしていきましょう。語り手のフキダシにある記号で、これまでに分かった文字を当てはめると、4列目は「▲゜ん■けん」、5列目は「かん！▲」となります。

→ さらなるヒントは 040 へ

034 4章 Last Question 解答

正解は「とつげきはよじ（突撃は4時）」。パズルを解き、手紙の文字列をパズルに当てはめて、パズルのルート通りに読みます。そこで出た指示通りにポーチに入っているアイテムの名前を機内の座席表の空欄に当てはめ、パズルの①〜⑦に対応する位置の文字を順に読んでいきます。

035 9章 Last Question ヒント3

すべてのお店の位置は、図のようになります。ママの手紙の通りに進んでみましょう。

→ 解答は 058 へ

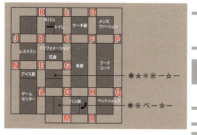

036 7章 手順1 解答

西初屋の位置は図の通り。自宅からのルートは赤線のようになります。

037 5章 Ending Story ヒント2

Q1のクロスワードに入れた言葉に「きみ」はありますが、「わたし」は見当たりません。彼女の名前を思い出してみてください。

→ 解答は 111 へ

038 9章 謎の図形 ヒント2

85ページの地図にある図形は、フロアを昇ったり降りたりする装置の名前を示しています。またこの地図の名前も、最後に半濁点（°）の付いた3文字のカタカナになります。

→ さらなるヒントは 090 へ

039 8章 Q6 ヒント

マスにはそれぞれ漢字が入り、下の文字はふりがなです。

→ 解答は 044 へ

040 5章 Last Question ヒント3

ヒントから、4列目は「ぐんまけん（群馬県）」、5列目は「かんこく（韓国）」。「初の海外」は2016年と分かります。「2年前」という彼女からのヒントを合わせて考えると……。

→ さらなるヒントは 150 へ

041 8章 Q5 ヒント

答えは 4 文字です。初めの文字は「な」。

→ 解答は 096 へ

042 10章 First Question ヒント 3

指示文は「虹の順に単語が上から並ぶようにして左端と右端を取り払え」。虹の順番は、90〜91 ページを見ると分かります。「虹の順」の「単語」とは何でしょう？

→ さらなるヒントは 101 へ

043 1章 Q2 ヒント 2

1 行ずつではなく、上から下まで続けて読んでいきましょう。

→ 解答は 054 へ

044 8章 Q6 解答

正解は「やまいも」。一番左は「闇（やみ）」。そこから「立」をマイナスして、真ん中は「間（ま、あいだ）」。さらに「日」をマイナスして、一番右は「門（もん）」。それぞれのふりがなの数字に入る文字を順に並べます。

045 1章 Last Question ヒント 5

時計の針と位置関係から、この見取り図は洗面台の鏡に映っていると考えられます。つまり、正しい見取り図は、これを左右反転させたもの。その状態で、A1〜A4 をマスに当てはめていきましょう。マスへの文字の入れ方、色マスの文字の拾い方も左右逆になることに注意してください。

→ 解答は 067 へ

046 8章 Q1 ヒント 2

Aには「ふ」、Bには「き」が入ります。

→ 解答は 124 へ

047 5章 記憶力 ヒント 2

1 行目は「しがけん（滋賀県）」、2 行目は「あおもりけん（青森県）」。判明した記号の文字を当てはめると、3 行目は「あ＝りか」となり、答えが絞られます。

→ 解答は 057 へ

048 6章 Q3 ヒント

絵本の中に、主人公が指を指しているページがあります。

→ 解答は 071 へ

049 10章 Q1 解答

正解は「クモノス」。すいか、かめ、めざましどけい、いすの 4 つのイラストを選ぶと、しりとりのループができます。この 4 つを結んだ線上にある文字を読むと「コタエハクモノス（答えはクモノス）」となります。

050 4章 Last Question ヒント 1

まずはパズル本の最後のページを解きましょう。角のマスの通り道は図のようになります。①→②の順番で通るという条件から、S からのルートが決まってきます。

→ さらなるヒントは 130 へ

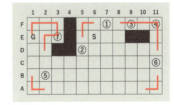

051 7章 手順 3 ヒント

チラシの地図を見ると、市役所の位置が分かります。

→ 解答は 077 へ

ヒント・解答編

ヒント・解答編 052〜061

052　6章 First Question 解答

正解は「へいのうえ（塀の上）」。フルネーム「とみのたろう」を祈祷盤を使って変換した結果、お告げは「赤と青の☆の間を読め」となるので、絵本の 6〜7 ページの夜空にある赤と青の星の間の文字を読みます。

053　10章 Q7 ヒント 2

表は曜日を示しています。縦に 3 文字ずつ文字を入れていきましょう。

→ 解答は 136 へ

054　1章 Q2 解答

正解は「もちつき」。左上から「げつかすいもくきんどにち（月火水木金土日）」と、曜日の並びになっています。

055　8章 Last Question 解答

正解は「ぶじさいかい」。島内地図にA1〜A6 を書き入れ、各列を縦に読むと、「ふぶきの場所は行き止まり」「くのじの道は通れない」など、島内を進む上での注意事項が分かります。これに従って、現在地から島の反対側まで安全なルートを進むと、ルート上の文字は「きぶじのさけいなんかいも」となります。また、息子の和也が行ったジェスチャーは「自分の体の前に大きくバツを出す」「自分のことを指差す」「両手を大きく振る」でした。これを門に描かれた図と照らし合わせると「危険な」「ものを」「取り除け」となります。「きぶじのさけいなんかいも」から、そのまま「きけんなもの」の 6 文字を取り除くと、「ぶじさいかい」という言葉が現れます。

056　2章 Q2 ヒント

石碑の中で、画数が一番少ない漢字は「甘」。その下にあるカタカナは「イ」なので、5 文字のうち 1 文字目は「イ」となります。

→ 解答は 112 へ

057　5章 記憶力 解答

正解は「しおり」。今年（2020 年）行ったところは「しがけん（滋賀県）」、去年（2019 年）行ったところは「あおもりけん（青森県）」、2 年前に行ったところは「あめりか」となるので、それぞれ指定された文字数目を読みます。

058　9章 Last Question 解答

正解は「いんふぉめーしょん」。ママの手紙に書かれていたのは、図のようなルートでした。

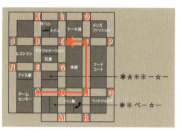

059　5章 Last Question 解答

正解は「なりたてじんじゃ（ナリタテ神社）」。今年を 2018 年とした場合の A1〜A3 をマスに当てはめ、数字の順に文字を読むと「ジンジャ」となります。

060　4章 Last Question ヒント 6

7 文字とは、パズルの①〜⑦のようです。そしてこのパズルには、位置を示す英字と数字が記されているため、例えば①の位置は F7 と表すことができます。この①〜⑦の位置を、座席表と対応させてみましょう。

→ 解答は 034 へ

061　6章 Q2（Another）ヒント

絵本の 6〜7 ページの夜空には、「まぬけいぬ」の文字も存在しています。

→ 解答は 016 へ

062　10章 Last Question ヒント4

正しい階数表示が「48」になると、Q5 の答えが変わります。

→ 解答は 165 へ

063　3章 Q2 ヒント1

♠はカナ 4 文字。ギンガム○○○○、○○○○メイト。♣は漢字 1 文字。足○、○手。

→ さらなるヒントは 015 へ

064　5章 パズル力 ヒント2

正解ルートは図の通りです。

→ 解答は 106 へ

065　3章 Last Question ヒント1

最後の時刻の画像を探し出しましょう。デジタル時計では一見「20:02」が最後に思えます。しかし、店員が「数時間おきに撮影された画像」と話してるのに、12 時台が 2 枚あり、また通常のデジタル時計とは「1」の表示位置が異なるようです。どういうことでしょう？

→ さらなるヒントは 088 へ

066　6章 Q2 ヒント

夜空は絵本の 6～7 ページにあります。主人公のあだ名の文字を結んでみましょう。

→ 解答は 144 へ

067　1章 Last Question 解答

正解は「おもいで」。扉の覗き穴から見える見取り図は、現在時刻と時計のズレ、扉の覗き穴と洗面台の位置関係から、鏡に映ったものと考えられます。その状態で、4 つの穴に対応するマス目に A1 ～ A4 の答えを入れ、鍵の付いたマスの色の文字を黄色→緑→青→赤の順で拾っていきます。

068　1章 Q4 ヒント

漢字をローマ字に変換して左の英字と比べ、法則性を見つけましょう。

→ 解答は 134 へ

069　2章 Q3 ヒント

クロスワードパズルのように、ヒントが示す言葉を矢印の方向に入れていきます。

→ 解答は 114 へ

070　1章 Last Question ヒント1

見取り図によると、覗き穴が左右に 4 つあるのは真ん中の個室です。ここから、どの問題をどの穴から見ていたか確認しましょう。それぞれの対応するマスに答えを入れ、鍵の付いたマスの色通りに文字を拾っていきます。

→ さらなるヒントは 097 へ

071　6章 Q3 解答

正解は「うろこ」。絵本の 4 ページのフウタロウの指先の文字を指から近い順に読むと「ウロコ」になります。

072　2章 Q1 解答

正解は「おどう（お堂）の 1 つ南」。「小道具」に対し、赤い矢印で「小」を「大」に変えて「大道具」になり、さらに青い矢印で言葉をかなにして最初と最後の文字を削除し「おどう」となります。

ヒント・解答編

ヒント・解答編 073〜082

073　8章 Q1 ヒント1
左側は熟語、右側はそのよみがな。マスには同じ漢字が入ります。

→ さらなるヒントは 046 へ

074　2章 Last Question ヒント1
「有言実行」という言葉をどこかで見かけなかったでしょうか？

→ さらなるヒントは 115 へ

075　1章 Last Question ヒント4
扉の覗き穴から見える時計は11時過ぎのようですが、その下のテキストによると、主人公はお昼ご飯を食べたあとです。また、見取り図によれば、扉の覗き穴の正面には洗面台があります。

→ さらなるヒントは 045 へ

076　10章 Q4 解答
正解は「ガヨウシ」。表を見ると「ハ」と「ト」の間に、ハートの隣に書かれた「コイ（恋）」が入っています。同様に「ボ」と「ル」の間に、ボールの隣に書かれた「タマ（球）」が、「ソ」と「ダ」の間に、ソーダの隣に書かれた「カン」が入っています。この法則でバラを「ローズ」、馬を「ホース」に変換し、表から文字を探すと「ロガヨズ」「ホウシス」が見つかるので、間の文字を抜き出し、答えは「ガヨウシ」となります。

077　7章 手順3 解答
市役所の位置は図の通り。チラシの地図と地図❶を見比べて導きます。

078　5章 Q3（Another）解答
正解は「あんこ」。今年（2018年）行ったところは「あめりか」、去年（2017年）行ったところは「ぐんまけん（群馬県）」、2年前に行ったところは「かんこく」となるので、それぞれ指定された文字数目を読みます。

079　10章 Last Question ヒント2
現在18階と表示されているので、棒が足りていないデジタル数字は「1」の方です。この建物は77階建てということも踏まえると、「1」に縦棒と横棒を両方足して成立する数字は何でしょう？

→ さらなるヒントは 107 へ

080　5章 Q2（Another）ヒント
今年を2018年とした場合、1列目には「めいじ（明治）」、2列目には「しょうわ（昭和）」が入ります。下3列に入る元号は今年を2020年とした場合と変わりません。

→ 解答は 002 へ

081　10章 Q4 ヒント3
表の中で、「ハ」と「ト」の間に、ハートの隣に書かれた「コイ（恋）」が入っています。同様に「ボ」と「ル」の間に、ボールの隣に書かれた「タマ（球）」が入っています。同様の法則をバラと馬にも当てはめると、①②③④に入る文字が分かります。

→ 解答は 076 へ

082　7章 Last Question ヒント
ルート上の文字を読むと「うしきゃらのな」となります。牛のキャラクターがどこかにいたはずです。

→ 解答は 159 へ

083　5章 常識力 解答

正解は「わいきょく（歪曲）」です。

084　3章 Last Question ヒント4

Q4で「ゴールドスター」の代わりに「プラチナムーン」で読み解くと、真犯人の名が示されます。犯人がいる場所と言えば？

→ 解答は 029 へ

085　9章 Last Question ヒント2

ゲームセンターがあるのは地図の左下であり、交差点は図のように埋めることができます。

→ さらなるヒントは 035 へ

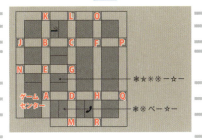

086　5章 Q3（Another）ヒント

今年（2018年）行ったところは「あめりか」、去年（2017年）行ったところは「ぐんまけん（群馬県）」、2年前に行ったところは「かんこく（韓国）」となります。

→ 解答は 078 へ

087　2章 Last Question ヒント3

石碑の文字の並びは、Q1の上にある地図と一致しています。ゴールは「行」に対応する場所です。

→ 解答は 141 へ

088　3章 Last Question ヒント2

デジタル時計はすべて逆さになっていました。27ページの捜査メモにも「宝石店の店員はものを逆さまに置いたりする」とあります。逆さに見れば、撮影された正しい時刻が分かります。一番最後に撮影されたのはどの画像でしょう？

→ さらなるヒントは 146 へ

089　1章 Q1 ヒント2

■に入る文字は「あ」です。

→ 解答は 171 へ

090　9章 謎の図形 ヒント3

何度も出てくる✚★★■は、「オススメ」と対応しています。あとは、デパートにありそうなお店を図形に当てはめていきましょう。

→ 解答は 170 へ

091　8章 Last Question ヒント1

島内地図のマスに、A1〜A6を書き入れてみましょう。それにより、安全に進めるルートが分かるはずです。

→ さらなるヒントは 100 へ

092　4章 Last Question ヒント3

手紙の文字列をパズルの盤面に当てはめ、パズルのルート通りに文字を読むと、メッセージが現れます。

→ さらなるヒントは 121 へ

ヒント・解答編

ヒント・解答編 093〜101

093　9章 謎の図形 ヒント1

86ページの一番上の視点で、壁に描かれたイラストと図形の数から、ここが「ゲーム○○○ー」であることが分かります。図形とカタカナとの対応が分かったら、84ページの表に書き込むとともに、他の同じ図形にカタカナを当てはめていきましょう。

→ さらなるヒントは 038 へ

094　7章 手順2 ヒント

写真❶を見ると、ミラーハイツ最澄の窓に、西初屋が映り込んでいます。

→ 解答は 125 へ

095　1章 Q3 ヒント2

隣接する科目に共通した文字が○の中に入ります。

→ 解答は 154 へ

096　8章 Q5 解答

正解は「なんかい」。上段は「なんかいい感じ（なんか良い感じ）」、中段は「うちわなんかいらない（うちわなんか要らない）」、下段は「なんかいもあおぐ（何回もあおぐ）」となり、すべての文が成立します。

097　1章 Last Question ヒント2

穴から便器が見えるかどうかによって、便座側の穴か扉側の穴かが分かります。しかし、このまま A1〜A4 をマスに入れて、対応する色の文字を読んでも、「僕たちの大切なもの」となるような意味のある言葉にはなりません。扉の覗き穴から見える風景を、くまなく見てみましょう。

→ さらなるヒントは 149 へ

098　6章 First Question ヒント1

A1〜A3 から数字順に文字を拾うと、フウタロウのフルネームは「とみのたろう」だと分かります。祈祷盤のあみだを使って1文字ずつ変換していきましょう。

→ さらなるヒントは 169 へ

099　2章 Q1 ヒント

赤い矢印は「小」を「大」に変える印、青い矢印は言葉をかなにして最初と最後の文字を削除する印です。「小道具」に対して、赤→青の順で同様の変換を行いましょう。

→ 解答は 072 へ

100　8章 Last Question ヒント2

安全に進めるルートは図の通り。しかし、ルート上の文字を読んでも意味のある文章にはなりません。ここで、島の反対側で息子の和也が何を示していたかを思い出しましょう。

→ さらなるヒントは 132 へ

101　10章 First Question ヒント4

A1〜A7 の解答欄を見ると、虹を構成する7色になっています。これらの単語を使い、Q6と同様の方法で解きましょう。

→ さらなるヒントは 023 へ

102　3章 Q4 ヒント

盗まれたものは冒頭（26 ページ）で神野が話していました。分かったら、文字を順に線で結び、線上の文字を読みましょう。

→ 解答は　009　へ

103　7章 手順4 ヒント

地図❷の市役所は一番下にあります。信号の位置、一方通行の方向、交差点に対する建物の位置などから、地図❶と地図❷のつながりを考えましょう。

→ 解答は　142　へ

104　6章 Q3（Another）解答

正解は「いおん」。絵本の 5 ページのマヌケイヌの指先の文字を指から近い順に読むと「いおん」になります。

105　3章 Q2 解答

正解は「こうえんまえ（公園前）」。「チェックの下を左から読め」の指示文通り、✓の真下にある文字を左から読みます。

106　5章 パズル力 解答

正解は「イチオシ」。今年（2020 年）の干支であるネズミから順に干支をたどり、指示通り文字を読みます。

107　10章 Last Question ヒント3

十の位のデジタル数字「1」に足りない棒を足して成立する数字は「0」「3」「4」「7」「8」です。さらに、10 階以上であること、建物が 77 階建てであること、縦棒と横棒の両方が消えているという情報から、正しい数字は「4」と特定できます。つまり正しい階数表示は「48」です。もう一度、問題を見直してみましょう。

→ さらなるヒントは　062　へ

108　5章 常識力 ヒント1

46 ページのテキストにある通り、今は 2020 年なので、1 列目には「れいわ（令和）」、2 列目には「へいせい（平成）」、4 列目には「たいしょう（大正）」が入ります。他は検索するか、次のヒントを見てください。

→ さらなるヒントは　020　へ

109　10章 Q6 ヒント

4 つの単語のブロックを、辞書の順（アイウエオ順）に上から並べ、指示通り左端の列、右端の列を取り払います。

→ 解答は　116　へ

110　10章 Q5 解答

正解は「アイアイ」。右の図は、エレベーターのディスプレイを表しています。92 ページを見るとデジタル数字のパネルは「18」を示しているので、これを図のように 4 分割します。すると①と③は右側のみ線があり、②と④は上下左右すべて線に囲われている状態となります。これをもとに、仕切られた文字列から「右側のみ線がある」文字と、「上下左右が線に囲われている」文字を探すと、「ア」と「イ」になるので、①②③④の順に読むと「アイアイ」となります。

111　5章 Ending Story 解答

正解は「あいしてる」。Q1 のクロスワードに入れた「しが（＝私）」の「し」から、「きみ」の「き」を結ぶと、言葉が現れます。

112　2章 Q2 解答

正解は「イケノニシ（池の西）」。画数が一番少ない漢字である「甘」の下は「イ」、石碑の一番最後の文字は「ケ」、一画のカタカナは「ノ」、漢字の「二」に見えるカタカナは「ニ」、上に「有」、右に「無」があり、両方と接しているのは「シ」。合わせると「イケノニシ」となります。

ヒント・解答編

ヒント・解答編　113〜122

113　10章 First Question ヒント 1

波線と点線の意味を考えてみましょう。どこかに同じものがなかったでしょうか？

→ さらなるヒントは **162** へ

114　2章 Q3 解答

正解は「いけとくらのあいだ（池と蔵の間）」。黄色と黒の猛獣は「とら」、見ると時間が分かるのは「とけい」、飼われていない猫や犬は「のら」、家を作ったりする職人は「だいく」、ぜん（善）の反対は「あく」。これらの言葉を矢印の方向にすべて埋めたあと、左上から横に読んでいきます。

115　2章 Last Question ヒント 2

Q2で使った石碑の中に「有」「言」「実」「行」の文字があります。文字の並びの中で、これらがある位置に注目してみましょう。

→ さらなるヒントは **087** へ

116　10章 Q6 解答

正解は「ネジアナ」。図のように4つの単語のブロックを並べ、左端、右端の列を取り払って縦に読むと、「コタエハネジアナ（答えはネジアナ）」になります。

ゼ	ネ	コ	ン
タ	ジ	タ	ジ
デ	ア	エ	ル
ナ	ナ	ハ	ク

117　8章 Q2 ヒント 1

赤い矢印と青い矢印には、同じかな3文字の言葉が入ります。

→ さらなるヒントは **017** へ

118　5章 Q4（Another）ヒント

今年を2018年とした場合、干支はイヌとなります。

→ 解答は **140** へ

119　10章 Q1 ヒント 1

時計のイラストは「とけい」だけではなく、もう少し詳しい特徴が付いた名前に変換します。

→ さらなるヒントは **019** へ

120　7章 手順 1 ヒント 1

「五角形1つと三角形1つ」とは、ショップカード❶の「スターラテ」のシンボルマークです。スターラテの場所はショップカードに記されたバス停「日蓮」との位置関係から分かります。

→ さらなるヒントは **012** へ

121　4章 Last Question ヒント 4

メッセージは「わたしのぽーちにはいっているものを きょうのくうせきにつめて ななもじじゅんによんで しんじているわ ぜったいにあきらめないでね」。指示通り、持ち物チェックシートを見て、ポーチに入っているアイテムの名前を、機内の座席表の空席に当てはめていきましょう（縦横で重なる部分には同じ文字が入ります）。

→ さらなるヒントは **148** へ

122　10章 Q2 解答

正解は「ダンマク」。「虹」を「NIJI」と考え、色で示されたマスに埋めていくと、26個のマスには左上から横に A、B、C ……とアルファベットが入ることが分かります。記号で示された場所を順に読むと、「DANMAKU」になります。

123 8章 Q3 解答

正解は「むらさき」。「鹿」「丸」の例より、マス目は五十音表のか行〜ら行を表していることが分かります。左から3列目は「ま行」なので、上から3つ目は「む」。同様に、一番左の列の一番上は「ら」、右から2列目の一番上は「さ」、一番右の列の上から2つ目は「き」。矢印の順に読むと「むらさき」となります。

124 8章 Q1 解答

正解は「ふぶき」。共通してマスに入る文字は「吹」で、上段は「息吹（いぶき）」、下段は「吹雪（ふぶき）」になります。

125 7章 手順2 解答

ミラーハイツ最澄の位置は図の通り。窓に西初屋が映り込んでいることから、西初屋の正面にあることが分かります。

126 8章 Q4 ヒント

マスには漢字が入り、答えは熟語になります。また、「a」「b」にはかなが入ります。

→ 解答は 011 へ

127 10章 Last Question ヒント1

メンテナンス会社から、ディスプレイに異常があると伝えられました。正しくは何階なのでしょうか？

→ さらなるヒントは 079 へ

128 1章 Q1 ヒント1

同じ記号には同じ文字が入ります。

→ さらなるヒントは 089 へ

129 7章 手順5 ヒント3

買い物メモには、途中で車を駐車場に停めて徒歩で進むルートが書かれていました。また、走ったらどれくらい時間がかかるでしょうか？

→ 解答は 155 へ

130 4章 Last Question ヒント2

パズルの答えは図のようになります。ここで、手紙の右側にある不思議な文字列に注目してみましょう。縦横の文字数が、パズルの盤面と一致しています。

→ さらなるヒントは 092 へ

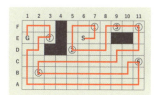

131 6章 Q1（Another）解答

正解は「あいす」。絵本の2〜3ページの地図を使い、5ページで示されているマヌケイヌの家から井戸までをたどり、ルート上の文字を読みます。

132 8章 Last Question ヒント3

和也が行ったジェスチャーを、門に描かれた図（79ページ）と合わせて考えてみましょう。

→ さらなるヒントは 143 へ

133 1章 Q2 ヒント1

文字は左上から右へ読んでいきます。

→ さらなるヒントは 043 へ

ヒント・解答編

ヒント・解答編　134〜144

134　1章 Q4 解答

正解は「でんごん（伝言）」。「T」のあとに EN、「M」のあとに ON を付け足すと天文 (TENMON)。同様に「R」のあとに EN、「K」のあとに ON を付け足すと「蓮根 (RENKON)」になります。同じ法則で、「D」と「G」それぞれに EN、ON を付け足すと「DENGON」になります。

135　7章 手順5 ヒント1

一方通行に気を付けながら、25分以内に自宅から病院に着くルートを見つけましょう。

→ さらなるヒントは 004 へ

136　10章 Q7 解答

正解は「タダメシ」。表は曜日を示しており、英語の省略表記を左から「SUN」「MON」「TUE」「WED」「THU」「FRI」「SAT」と縦に入れていきます。数字の順番に該当する文字を読むと「TADAMESI」。

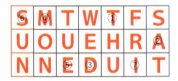

137　5章 First Question ヒント

A1〜A3 をマスに当てはめて、数字の順に文字を読むと4文字の言葉になります。それが示す場所を地図で確認しましょう。

→ 解答は 167 へ

138　6章 Q1 ヒント

絵本の2〜3ページにある地図を見てください。主人公の家は絵本の他のページを見ると分かります。

→ 解答は 028 へ

139　10章 Q1 ヒント2

マスには左上から横に A、B、C ……とアルファベットが入ります。

→ 解答は 122 へ

140　5章 Q4（Another）解答

正解は「オウジャ（王者）」。2018年の干支であるイヌを1として、指示通り文字を読みます。

141　2章 Last Question 解答

正解は「たいがんじょうじゅ（大願成就）」。Q1の地図と、Q2の石碑の文字の並びが一致しており、地図上でA1〜A3の場所は「有」「言」「実」。ゴールである「行」に対応した場所を地図で探すと、スタート地点になります。ゴール＝スタート地点の看板に貼ってあるお札の漢字が合言葉です。

142　7章 手順4 解答

地図❶と❷は図のようにつながります。地図❷の左側が北になります。

143　8章 Last Question ヒント4

和也は「危険な」「ものを」「取り除け」と教えてくれました。どこから取り除くのでしょう？

→ 解答は 055 へ

144　6章 Q2 解答

正解は「どみの」。絵本 6〜7 ページの夜空の絵を使い、「ふうたろう」の文字をつなげると矢印になるので、指し示す文字を読みます。

| 145 | 5章 Last Question ヒント1

彼女の「2年前に行った場所」「初の海外」という言葉に注目。初めて2人で行った海外とはどこでしょう？

➡ さらなるヒントは 033 へ

| 146 | 3章 Last Question ヒント3

デジタル時計を逆さに見ると、「21:01」が最後の時間です。その画像にない「プラチナムーン」が本来盗まれた宝石でした。これまでの問題で「ゴールドスター」を使ったものはなかったでしょうか……？

➡ さらなるヒントは 084 へ

| 147 | 10章 Q3 ヒント

粟飯は「アワメシ」と読みます。また、右下のイラストは「海苔（ノリ）」です。法則を考えてみてください。

➡ 解答は 172 へ

| 148 | 4章 Last Question ヒント5

座席表の空席には図のように文字が当てはまります。次に、「ななもじじゅんによんで」を実行します。7文字とは何でしょうか？ どうやら、パズルにヒントがありそうです。

➡ さらなるヒントは 060 へ

| 149 | 1章 Last Question ヒント3

扉の覗き穴から時計が見えます。今は何時でしょうか？ 状況を整理してみましょう。

➡ さらなるヒントは 075 へ

| 150 | 5章 Last Question ヒント4

「初の海外」に行ったのは2016年。これが2年前ということは、彼女が手紙を書いたのは2018年ということになります。これまでの問題を見直してみましょう。

➡ 2018年とした場合の常識力のヒントは 080 へ
➡ 2018年とした場合の常識力の解答は 002 へ
➡ 2018年とした場合の記憶力のヒントは 086 へ
➡ 2018年とした場合の記憶力の解答は 078 へ
➡ 2018年とした場合のパズル力のヒントは 118 へ
➡ 2018年とした場合のパズル力の解答は 140 へ
➡ Last Question の解答は 059 へ

| 151 | 6章 Last Question ヒント6

絵本の7ページには「短剣をオニの右目に突き刺して、とどめをさそう」とありました。絵本の8〜9ページを、短剣がオニの右目に刺さるように、実際に折ってみましょう。このページには黄色い☆もありますね。

➡ 解答は 024 へ

| 152 | 6章 Last Question ヒント2

絵本のタイトルの「僕」とは、表紙に描かれた犬でした。つまり、この絵本の主人公は犬であることが分かります。

➡ さらなるヒントは 173 へ

| 153 | 3章 Q1 解答

正解は「20」時。すべての条件を満たす退勤時刻は、18時梅津、19時鍛治野、20時神野、21時山根、22時日比野です。

| 154 | 1章 Q3 解答

正解は「せいかく」。科目をひらがなにして、隣接する科目同士、共通する文字を抜き出します。

ヒント・解答編

ヒント・解答編 155〜163

155　7章 手順5 解答

最短ルートは図の通り。途中で車を駐車場に停めて、走って病院まで進むと、合計23分で着くことができます。

156　10章 Q5 ヒント2

4分割したデジタル数字の線と、4×4の文字列の仕切りに、一致する部分がないでしょうか?

➡ さらなるヒントは 164 へ

157　8章 Q3 ヒント1

「鹿」「丸」を指す矢印上にある赤い丸は、それぞれ「し・か」「ま・る」のかなの位置を示しています。

➡ さらなるヒントは 008 へ

158　10章 First Question 解答

正解は「ダイアル」。波線はQ2の例題「虹」の下にあり、点線はQ6の問題文の下にあります。つなげて読むと、「虹の順に単語が上から並ぶようにして左端と右端を取り払え」。虹を構成する7色になっているA1〜A7の解答欄の単語を、Q6と同様に虹の順「赤・橙・黄・黄緑・緑・青・紫」に上から並べ、左右の列を削除して読むと、「アメトウマノアイダノヨンモジ(飴と馬の間の4文字)」となります。その言葉通りに、Q3の飴とQ4の馬のイラストを結んだ線上には、「だイアル」の4文字が浮かび上がります。

159　7章 Last Answer 解答

正解は「はらみん」。最短のルート上の文字は「うしきゃらのな」です。ショップカード❷にある牛のキャラクターをよく見ると、エプロンに名前が書いてあります。

160　10章 Q4 ヒント2

それぞれのイラストは、真ん中にー(音引き)のある3文字の言葉に変換できます。その言葉と、イラストの隣に書かれた言葉との関係を表から導きましょう。

➡ さらなるヒントは 081 へ

161　8章 Q2 解答

正解は「くのじ」。上段は「ぴくにっく」、中段は「のりものよい」、下段は「せきじゅうじ」。赤い矢印と青い矢印が示す言葉は、いずれも「くのじ」になります。

162　10章 First Question ヒント2

波線はQ2に、点線はQ6にあります。それぞれが指し示す文字をつなげて読み、その指示に従いましょう。

➡ さらなるヒントは 042 へ

163　3章 Q3 ヒント

まず「大斗駅から一樹駅にまっすぐ行く途中の駅である」が嘘だとすると、「漢字1文字の駅」は泉駅のみ。しかしこれは「豊政駅から2駅以内では行けない駅である」と矛盾します。次に、「漢字1文字の駅である」が嘘だとしても、他の条件を満たす駅は漢字1文字とならず、やはり矛盾します。このように、情報を1つずつ嘘だとして考えてみましょう。

➡ 解答は 022 へ

164　10章 Q5 ヒント 3

①はデジタル数字の 1 の上半分で、右側のみ線がある状態。そして、4×4 の文字列の中で右側に仕切りがあるのは「ア」のみなので、①に対応する文字は「ア」となります。②③④も同様に文字を探しましょう。

→ 解答は　110　へ

165　10章 Last Question 解答

正解は「おーぷん」。オペレーターの話を参考に、ディスプレイの表示に縦棒と横棒の両方を足すと、正しい階数表示は「48」になります。これを元に Q5 を解き直すと、答えは「セイカイ」に。さらに再度 First Question に当てはめると、答え「カメとウマノアイダノヨンモジ（亀と馬の間の 4 文字）」になり（図）、Q1の亀とQ4の馬のイラストを結ぶと「オープン」という答えが現れます。

A5　セイカイ
A7　タダメシ
A3　ヒノトリ
A4　ガヨウシ
A2　ダンマク
A1　クモノス
A6　ネジアナ

166　6章 Last Question ヒント 1

塀の上で見つけた紙は、絵本の表紙でした。タイトルの「僕」とは誰のことでしょう？

→ さらなるヒントは　152　へ

167　5章 First Question 解答

正解は「オオワシ学園」。A1〜A3 をマスに当てはめ、数字の順に文字を読むと「オオワシ」となります。

168　6章 Last Question ヒント 4

主人公をマヌケイヌとした場合の A1〜A3 から数字順に文字を拾うと、フルネームは「すずきあおい」と分かります。祈祷盤のあみだを使って 1 文字ずつ変換していきます。

→ さらなるヒントは　032　へ

169　6章 First Question ヒント 2

祈祷盤でフルネームを変換すると「あかとあおの」。お告げは「赤と青の☆の間を読め」。赤と青の星はどこかで見たはずです。

→ さらなるヒントは　010　へ

170　9章 謎の図形 解答

すべての図形とカタカナの対応は図の通り。

171　1章 Q1 解答

正解は「おねしょ」。あに+おとうと→きょうだい（兄 + 弟→兄弟）、あね+いもうと→しまい（姉 + 妹→姉妹）。数字順に文字を読んでいきます。

172　10章 Q3 解答

正解は「ヒノトリ」。例題の「アメ＋ワシ＝アワメシ」「カギ + クリ = カクギリ」というように、イラストが示す言葉を 1 文字ずつ交互に読んでいきます。同じ法則で「ヒト + ノリ = ヒノトリ」となります。

173　6章 Last Question ヒント 3

主人公はフウタロウではなく、マヌケイヌでした。もう一度 Q1 から解き直しましょう。

→ 主人公が変わった Q1 のヒントは　014　へ
→ 主人公が変わった Q1 の解答は　131　へ
→ 主人公が変わった Q2 のヒントは　061　へ
→ 主人公が変わった Q2 の解答は　016　へ
→ 主人公が変わった Q3 のヒントは　006　へ
→ 主人公が変わった Q3 の解答は　104　へ
→ 主人公が変わった A1〜A3 が分かったあとのヒントは　168　へ

最終問題

「患者は意識不明の重体です。運転免許証は焼失。身元不明ですが70歳前後と見られ……」
誰かの声が遠ざかっていく。

気が付くと真っ白な部屋に立っていた。
まっすぐに伸びた通路のような部屋だ。
ぼんやりとした電灯が1つ。
突き当たりには巨大な扉。
それ以外は何もない。何の音もしない。
だが、誰かに見られている。視線を感じる。

突然、謎の声が頭の中に響いた。
「あなたは今、生死の境をさまよっています……」
聞いたことのない声だ。

私は死んだのか……？
ここは死後の世界なのだろうか。
何かやり残したことはなかったか……。
そういえば一度も転職もせず、一度も引越しもしなかった。
まだ叶えられていない夢もあった気がする。

「あなたがこのまま死ぬのかどうか……。それは今、あなたを見ている人次第なのです……」
私を見ている人？
声の主以外にも私を見ている者が存在するのか？
それは一体誰なんだ……。
ああ、意識が薄れていく……。

最終問題の答えはカタカナ6文字。
分かったらWebサイトに入力しよう！
http://scrapshuppan.com/5minj/

5分間リアル脱出ゲーム人生

2019年12月25日　初版第1刷発行
2023年12月15日　初版第6刷発行

著　　　者	SCRAP	
発　行　人	加藤隆生	
編　集　人	大塚正美	

監　　　修	加藤隆生（SCRAP）	
制　　　作	大塚正美（SCRAP）、櫻庭史郎（SCRAP）、武智大喜（SCRAP）、山本渉（SCRAP）	
謎・パズル制作	西山温（第1章）、櫻井知得（第2章）、平嶋康太郎（第3章）、足立結香（第4章）、渡辺一弘（わちこ）（第5章）、稲村祐汰（第6章）、三浦びわ（第7章）、入月優／稲村祐汰（第8章）、藤沢潤平／原翔馬（第9章）、津山竣太郎（第10章）	
シナリオ監修・執筆	鹿野康二、福本彩夏（SCRAP）	
デ ザ イ ン	太田洋晃（Marble.co）、島田雄一（Marble.co）、森田麻子（Marble.co）、冠葉月（Marble.co）、好見知子	
校　　　閲	佐藤ひかり	
協　　　力	永田史泰	
営　　　業	佐古田智仁（SCRAP）	
宣　　　伝	坪内秋帆（SCRAP）	
担 当 編 集	大塚正美（SCRAP）	

発　行　所	SCRAP出版
	〒151-0051　東京都渋谷区千駄ヶ谷5-20-4　株式会社SCRAP
	tel. 03-5341-4570　fax. 03-5341-4916
	e-mail. shuppan@scrapmagazine.com
	URL. https://scrapshuppan.com/
印 刷・製 本 所	株式会社リーブルテック

落丁・乱丁本はお取り替えいたします。本書記事の無断転載・複製は固くお断りいたします。

Ⓒ 2019 SCRAP All Rights Reserved.

Printed in Japan ISBN978-4-909474-28-5